주식시장에서 살아남는
심리투자 법칙

NEW
TRADING

스 터 디 가 이 드

— 주식시장에서 살아남는 —

심리투자 법칙

Dr. Alexander Elder

알렉산더 엘더 지음 | **신가을** 옮김

FOR A LIVING

이레미디어

주식시장에 대처하는
당신만의 방식을 통찰하라

노련한 트레이더는 미끄러지듯 시장을 횡보하면서 자유자재로 진입하고 청산하는 것만 같다. TV로 보면 스키를 타고 언덕에서 내려오는 모습이 쉬워 보이는 것처럼. 하지만 직접 스키를 신고 울퉁불퉁한 슬로프를 내려오다 보면 쉬워 보이는 건 착각이었음을 깨닫게 된다. 트레이딩 실력을 기르려면 연구하고, 공부하고, 숙제해야 한다.

여러분이 트레이더로 성장하고 성공하는 데 일조하기 위해 스터디 가이드를 펴냈다. 여기에는 트레이더로서의, 또 트레이딩을 지도하는 사람으로서의 오랜 경험이 녹아 있다. 시장, 그리고 시장에 내가 어떻게 반응하는지에 대해 연구할수록 성공할 확률은 높아진다. 트레이더는 시장도 배워야 하지만 자신에 대해서도 알아야 한다. 훌륭한 트레이더는 끊임없이 배운다.

스터디 가이드의 문제들은 심리, 위험 관리, 지표 등 《심리투자 법칙^{The New Trading for a Living}》개정판의 각 장과 연계되어 있다. 답을 적은 다음 정답을 확인해보라. 차트 문제를 풀 때는 차트를 종이로 가리고 마치 시장이 움직이는 것처럼 왼쪽에서 오른쪽으로 서서히 종이를 옮겨라. 스터디 가이드를 공부하면서 시장의 불확실성에 대처하는 연습을 하라.

스터디 가이드는 문제와 해답으로 구성되어 있는데, 일부 내용에 동의하지 않는 사람도 있을 것이다. 트레이딩은 과학이자 예술이다. 객관적인가 하면 주관이 개입되기도 한다. 스터디 가이드를 통해 시장과 시장에 대처하는 자신의 방식을 깊이 통찰해보기 바란다.

모든 문항과 해답을 검토해준 헨리 아벨만^{Henry Abelman}과 제프 파커^{Jeff Parker}에게 감사를 전한다. 두 사람은 스파이크트레이드닷컴에서 '독수리 눈^{Eagle Eye}' 상을 여러 번 탔다. 캐럴 키건 카니예^{Carol Keegan Kayne}는 원고가 명확하고 정확한지 최종 점검해주었다.

가르치고 지도하는 역량을 개발할 기회를 준 에스토니아, 미국 대학교 교수와 학생들에게도 감사를 전한다. 트레이딩에 관한 질문을 쉼 없이 보내는 스파이크트레이드닷컴 회원들에게도 고마움을 전한다. 회원들의 질문에 계속 대답하다 보면 방심할 틈이 없다.

트레이딩 실력을 갈고닦아 자신감 넘치는 트레이더가 되는데 이 책이 도움이 되길 바란다.

차 례

PART 1　문제편　　　　　　　　　　　　　 ılıllı

PART 2 정답 및 해설

NEW
TRADING
FOR A LIVING

PART 1

문제편

들어가는 글

트레이딩에 성공하려면 수많은 경쟁자를 따돌려야 한다. 대다수는 승자의 주머니에 돈을 뺏긴다. 트레이더로 성공하려면 대다수가 패배할 수밖에 없는 이런 상황에 맞서 싸워야 한다. 그러므로 시장의 군중과 다르게 생각하고 행동하는 법을 배워야 한다.

《심리투자 법칙》개정판은 틀에 박힌 관념이 아닌 새로운 관점을 제시하고자 한다. 트레이딩을 향한 긴 여정을 떠나기 전 기초 문제를 통해 고정관념을 깨뜨리고 새로운 사고에 적응할 수 있을지를 검토해보기 바란다.

문제	1차 테스트	2차 테스트	3차 테스트	4차 테스트	5차 테스트
1					
2					
3					
4					
5					
6					
7					
8					
9					
정답 수					

0-1 장기적으로 볼 때 트레이더가 취할 의사결정 방식으로 올바른 것은?

Ⅰ. 펀더멘털 분석   Ⅲ. 육감과 직감

Ⅱ. 내부 정보   Ⅳ. 기술적 분석

A. Ⅰ, Ⅱ

B. Ⅱ, Ⅲ

C. Ⅰ, Ⅳ

D. Ⅲ, Ⅳ

0-2 성공적인 트레이딩을 위해 필요한 요소가 아닌 것은?

A. 트레이딩 심리

B. 분석 기법

C. 내부자와 연줄

D. 자금 관리 방식

0-3 트레이딩에 관한 책을 대할 때 가장 좋은 방법은?

A. 끌리는 기법이 있으면 직접 시장 데이터에 적용해서 실험 해본다.

B. 모든 기법을 뭉뚱그려 트레이딩에 적용한다.

C. 의심한다. 좋은 트레이딩 기법이라면 왜 남에게 알려주겠 는가?

D. 책에서 밝힌 기법들이 잘 들어맞는지 다른 트레이더에게 물 어본다.

0-4 트레이딩에서 손실을 보는 주요 원인이 아닌 것은?

A. 체결오차

B. 수수료

C. 감정에 휘둘리는 트레이딩

D. 주가 조작이나 사기

0-5 트레이더 짐과 존은 지금 반대 포지션을 취하고 있다. 두 사람 모두 수수료를 지불해야 하며 체결오차가 발생했다. 승자인 짐은 920달러를 벌어들이고 패자인 존은 1,080달러 손실을 보았다. 이 결과에서 알 수 있는 트레이딩의 속성은?

A. 제로섬 게임
B. 긍정적 기대 게임
C. 랜덤워크
D. 마이너스섬 게임

0-6 20달러에 거래되는 주식을 100주 구입하고자 한다. 중개 수수료는 10달러다. 다음 중 틀린 것은?

A. 수천 달러를 운용한다면 10달러 정도는 신경 쓰지 말아야 한다.
B. 손실을 보지 않으려면 1퍼센트의 수익을 올려야 한다.
C. 증거금률 50퍼센트 활용 시 손실을 보지 않으려면 2퍼센트가 넘는 수익을 올려야 한다.

0-7 현재 상승 추세에 있으며 20달러에 거래되고 있는 종목 100주를 매입하고자 시장가 주문을 넣었다. 20.08달러에 주문이 체결되었다면 체결오차는?

A. 80센트

B. 8달러

C. 16달러

D. 80달러

0-8 질문 7에서 매수한 주식이 22달러로 올랐다. 계속 상승하리라 전망하지만 평가이익의 절반을 방어하기 위해 손실제한을 21달러로 올렸다. 주가 하락으로 손실제한에 걸려 20.88달러에 거래가 체결되었다. 체결오차는 총수익의 몇 퍼센트인가?

A. 5퍼센트

B. 10퍼센트

C. 25퍼센트

D. 50퍼센트

0-9 질문 7, 8에서 트레이딩업계는 총수익의 몇 퍼센트를 가져갔는가?

A. 25퍼센트

B. 50퍼센트

C. 75퍼센트

D. 100퍼센트

PART

01

개인 심리

성공으로 가는 길목에 버티고 있는 최대의 장애물은 바로 나 자신이다. 종종 심리가 승패를 좌우한다. 침착하게 합리적으로 판단을 내린다면 수익은 저절로 따라온다.

프로들은 차분하고 침착하다. 프로는 시장의 오르내림이나 횡보에 어떻게 대처해야 할지 알고 있다. 프로들은 확신이 서지 않으면 시장에서 빠져나와 관망하면서 참을성 있게 시장을 관찰한다. 다시 말해, 프로는 스스로를 통제한다.

시장이 유리하게 움직이면 환호하고 시장이 불리하게 움직이면 공포에 사로잡혀 아무것도 할 수 없다면 감정에 휘둘려 행동하게 되고 계좌는 타격을 입는다. 두려움이나 탐욕으로 이성이 흐려지면 아무리 좋은 트레이딩 시스템도 무용지물이 된다. 아래 문제들은 트레이딩 심리에 집중하도록 고안되었다.

문제	1차 테스트	2차 테스트	3차 테스트	4차 테스트	5차 테스트
1					
2					
3					
4					
5					
6					
7					
8					
9					
10					
11					
12					
13					
14					
15					
16					
정답 수					

1-1 트레이더로 성공하려면 위험(리스크)에 어떻게 대처해야 하는가?

A. 위험을 피한다.

B. 위험을 키운다.

C. 위험한 상황을 즐긴다. 심지어 손실을 보더라도.

D. 위험이 어느 정도 되는지 측정한다.

1-2 성공한 트레이더의 목표는?

A. 최고의 트레이더가 되는 것

B. 다른 트레이더보다 더 많이 버는 것

C. 비싼 물건을 사서 다른 트레이더들보다 돋보이는 것

D. 가족과 친구의 존경을 받는 것

1-3 연속으로 손실을 보는 바람에 계좌의 20퍼센트가 손실로 날아 갔다. 어떻게 하는 것이 최선일까?

A. 실적이 검증된 소식지를 구독한다.
B. 수익률이 높고 손실이 적은 트레이딩 시스템을 구매한다.
C. 트레이딩을 멈추고 손실이 난 트레이딩을 분석하면서 손실 의 원인을 판단한다.
D. 확률의 법칙에 의해 곧 유리하게 돌아설 것이므로 트레이 딩을 계속한다.

1-4 트레이딩 계좌에 돈이 많을수록 좋은 이유들이다. 이유가 될 수 없는 한 가지는?

A. 손실이 더 나도 되기 때문에
B. 여러 시장에 분산투자할 수 있으므로
C. 다양한 시스템을 통해 트레이딩할 수 있으므로
D. 계좌의 자본 대비 제반 비용이 차지하는 비율이 적으므로

1-5 시중에 판매되는 트레이딩 시스템에 대한 설명 중 가장 정확한 것은?

> Ⅰ. 실적이 좋았던 시스템은 계속 적중률이 높다.
> Ⅱ. 저명한 트레이더가 판매하는 시스템이라면 신뢰도에 높은 점수를 주어야 한다.
> Ⅲ. 트레이딩 시스템은 과거의 데이터에 맞춰 설계된 것이므로 시장이 변하면 맞지 않는다.
> Ⅳ. 최고의 애널리스트에게 시스템을 구매해도 손실을 볼 수 있다.

A. Ⅰ, Ⅱ
B. Ⅰ, Ⅲ
C. Ⅱ, Ⅲ
D. Ⅲ, Ⅳ

1-6 트레이딩을 도박처럼 대하는 경우의 핵심적인 징후는?

> Ⅰ. 트레이딩하고 싶은 욕구를 억제할 수 없다.
>
> Ⅱ. 트레이딩이 잘되면 기분이 붕 뜨고 손실을 보면 자괴감에 휩싸인다.
>
> Ⅲ. 손실 포지션이 있으면 항상 역으로 포지션을 취한다.
>
> Ⅳ. 연속해서 손실을 본다.

A. Ⅰ

B. Ⅰ, Ⅱ

C. Ⅰ, Ⅱ, Ⅲ

D. Ⅰ, Ⅱ, Ⅲ, Ⅳ

1-7 한 트레이더에게 1년 사이에 다음과 같은 일들이 일어났다. 교통위반 과태료 딱지 세 장, 세금 연체로 인한 범칙금 통지서 1회, 근무 태만으로 징계 2회, 트레이딩 계좌 35퍼센트 손실. 이 트레이더에게 할 수 있는 최선의 충고는?

A. 인생은 원래 그런 것. 직장을 때려치우고 트레이딩으로 큰 돈을 벌어라. 그리고 재정을 관리해줄 사람을 고용하라.

B. 과태료 딱지 따위는 트레이딩과 상관없으므로 신경 꺼라.

C. 파멸을 자초하고 있다. 먼저 자기 자신을 추슬러야 한다.

D. 어떡하든 버텨라. 직장에 다니면서 트레이딩하는 게 어디 쉬운가.

1-8 트레이딩 심리에 관한 설명 중 올바른 것 두 가지는?

> I. 감정은 트레이딩 계좌에 영향을 미친다.
>
> II. 돈을 벌려면 다른 트레이더보다 머리가 좋아야 한다.
>
> III. 수익을 올린 다음에 기분이 고조되면 좋은 트레이딩 습관이 몸에 밴다.
>
> IV. 탁월한 트레이딩 시스템보다 두려움과 탐욕이 계좌를 좌우한다.

A. I, II

B. II, III

C. III, IV

D. I, IV

1-9 최근 몇 달 동안 승승장구하며 수익을 거두었다. 이제 할 일로 적절한 두 가지를 고른다면?

> Ⅰ. 자축하며 포지션 규모를 늘린다.
>
> Ⅱ. 손실제한을 적게 활용한다.
>
> Ⅲ. 휴가를 간다.
>
> Ⅳ. 능력이 입증되었으므로 시장 분석 시간을 줄인다.

A. Ⅰ, Ⅱ

B. Ⅱ, Ⅳ

C. Ⅰ, Ⅲ

D. Ⅲ, Ⅳ

1-10 상습적으로 손실을 보는 트레이더와 알코올중독자의 주된 공통점은?

    A. 알코올중독자가 알코올에 중독된 상태이듯, 연패하는 트레이더 역시 트레이딩이 주는 짜릿한 흥분에 중독된 상태다.

    B. 알코올중독자가 얼마나 많이 마시는지 감추듯, 연패하는 트레이더 역시 손실 규모를 자신과 타인에게 숨긴다.

    C. 알코올중독자가 위스키에서 포도주로 바꾸는 것처럼, 연패하는 트레이더 역시 트레이딩을 통해 수렁에서 빠져나오려고 한다.

    D. A, B, C 모두 정답.

1-11 다음 중 패자의 심리에 해당되지 않는 것은?

    A. 패자는 손실을 볼 때도 트레이딩에서 짜릿함을 느낀다.

    B. 깡통 계좌에서 재기하는 트레이더는 거의 없다.

    C. 패자는 자신의 트레이딩에 문제가 있다는 사실을 알고 있다.

    D. 패자는 대체로 '대박'을 노린다.

1-12 패자에서 벗어나려면 그 첫걸음으로 어떤 말을 해야 하는가?

    A. "더 괜찮은 트레이딩 시스템을 구해야겠어."

    B. "강세를 보이는 시장을 찾아야겠어."

    C. "새로운 트레이딩 기법을 익혀야겠어."

    D. "나는 패자야."

1-13 "내 이름은 ○○○이며, 나는 패자다." 트레이더가 이렇게 말하면 어떤 결과로 이어지는가?

Ⅰ. 트레이딩을 두려워하게 된다.

Ⅱ. 손실 포지션을 빨리 정리해 손실을 줄이게 된다.

Ⅲ. 과도한 매매를 피하게 된다.

Ⅳ. 수수료와 체결오차를 낮추게 된다.

A. Ⅰ, Ⅱ   C. Ⅲ, Ⅳ

B. Ⅱ, Ⅲ   D. Ⅰ, Ⅳ

1-14 트레이더로서 성공하기 위해 가장 중요한 요소는?

A. 시작부터 자본금 규모가 커야 한다.

B. 성공한 다른 트레이더들에게 배워야 한다.

C. 작성한 트레이딩 계획을 활용하고 감정에 휘둘려 결정하지 말아야 한다.

D. 사업체나 직장에서 쌓은 역량을 활용해야 한다.

1-15 1년 동안 트레이딩한 뒤에도 시장의 움직임에 대해 도무지 감을 잡을 수 없다면, 그 이유는?

A. 트레이딩 습관이 충동적이어서

B. 기본적 분석에 관한 정보나 기술적 분석이 부족해서

C. 자본금이 너무 소액이라서

D. 시장 자체가 혼란스러워서(랜덤워크)

1-16 트레이딩을 시작할 시점은?

A. 시장이 과매수 혹은 과매도 상태일 때

B. 지표가 진입 신호를 보낼 때

C. 트레이더가 매수 혹은 매도 주문을 내려고 결심할 때

D. 소식지에서 솔깃한 투자처를 추천할 때

Trading for a Living

PART

02

집단 심리

매수하거나 매도할 때마다 헤아릴 수 없이 많은 매수자와 매도자들에게 둘러싸이게 되는데, 대다수의 트레이더는 탐욕과 두려움에 사로잡혀 있다. 이들의 주문이 모여 낙관주의와 비관주의라는 거대한 파도를 일으키면 파도는 조수가 되어 시장을 휩쓸며 가격을 끌어올리기도 하고 끌어내리기도 한다. 군중은 지극히 강력한 집단이므로 군중과 다투려 하면 안 된다. 군중은 강력한 힘을 발휘하지만 원초적이다. 이 사실을 알면 추세가 강할 때는 무리와 발맞춰 뛰고 추세가 끝날 무렵에는 무리에서 발을 뺄 수 있다.

개개인은 군중에 휩쓸리기 쉬우므로 시장을 분석할 때 객관성을 유지하기 어렵다. 정치 집회나 콘서트에 참석해본 사람이라면 군중의 위력을 실감할 것이다.

이 장의 일부 문항은 군중심리를 이해하고 있는지 묻는다. 또한 일부 문항을 통해 시장의 군중이 내 감정과 판단에 어느 정도 영향을 미치는지 알 수 있을 것이다. 트레이딩할 때 자신이 감정에 휘둘리는지 또는 어떤 이성적, 비이성적 반응을 보이는지 돌아봐야 한다. 자신의 답을 트레이딩 습관과 연관시켜본다면 더욱 도움이 될 것이다.

문제	1차 테스트	2차 테스트	3차 테스트	4차 테스트	5차 테스트
1					
2					
3					
4					
5					
6					
7					
8					
9					
10					
11					
12					
13					
정답 수					

2-1 가격이란?

A. 수요 곡선과 공급 곡선이 만나는 교점

B. 거래 수단의 가치

C. 주식시장에서 기업 자산 혹은 상품에 대한 수요를 반영하는 것

D. 거래 시점에 형성되는 모든 시장 참여자의 가치에 대한 합의

2-2 다음 중 틀린 것은?

A. 황소들은 가격 상승에 돈을 건다. 이들은 최대한 낮은 가격에 매수하려고 한다.

B. 관망 세력이 있다는 사실은 황소와 곰에게 압박 요소로 작용한다.

C. 기술적 분석의 목표는 황소와 곰 중 어느 쪽이 이길지 예측하는 것이다.

D. 곰들은 가격 하락에 돈을 건다. 이들은 되도록 높은 가격에 매도하려고 한다.

2-3 매수할지 매도할지 판단이 서지 않을 때는 어떻게 해야 하는가?

A. 인터넷 검색을 통해 다른 사람들이 어떻게 하는지 알아본다.

B. 평소보다 매매 규모를 줄인다.

C. 시장에서 한 발짝 물러난다.

D. 한창 '뜨는' 지도자에게 조언을 구한다.

2-4 트레이딩 수익은 어디에서 나오는가?

A. 중개인

B. 트레이더

C. 경제

D. 거래소

2-5 개인이 군중에 합류하면?

Ⅰ. 충동적이고 감정적이 된다.

Ⅱ. 타인의 위력을 등에 업게 된다.

Ⅲ. 자신보다 군중을 이끄는 지도자를 더 신뢰하게 된다.

Ⅳ. 원하면 언제든지 군중을 떠날 수 있다.

A. Ⅰ, Ⅱ

C. Ⅱ, Ⅲ

B. Ⅰ, Ⅲ

D. Ⅱ, Ⅳ

2-6 사람들이 군중에 합류하는 이유는?

Ⅰ. 불확실성에 대한 두려움 때문에

Ⅱ. 평생 지속된 습관 때문에

Ⅲ. 강력한 지도자의 인도를 받기 원하기 때문에

Ⅳ. 안락함을 추구하기 때문에

A. Ⅰ

C. Ⅰ, Ⅱ, Ⅲ

B. Ⅰ, Ⅱ

D. Ⅰ, Ⅱ, Ⅲ, Ⅳ

2-7 다음 중 맞는 것은?

> Ⅰ. 군중은 원초적이므로 단순한 매매 전략을 구사해도 문제없다.
>
> Ⅱ. 군중보다 똑똑하면 승리가 보장된다.
>
> Ⅲ. 훌륭한 트레이더는 시장이 원하는 대로 움직이면 의기양양하고 시장이 불리하게 움직이면 풀이 죽는다.
>
> Ⅳ. 시장의 군중을 늘 틀리게 마련이다.

A. Ⅰ

B. Ⅰ, Ⅱ

C. Ⅰ, Ⅱ, Ⅲ

D. Ⅰ, Ⅱ, Ⅲ, Ⅳ

2-8 시장의 추세를 이끄는 것은?

A. 강력한 금융업체

B. 저명한 지도자

C. 가격

D. 경제의 펀더멘털 변화

2-9 시장이 상승하는 시기는?

Ⅰ. 매도자보다 매수자가 많을 때

Ⅱ. 매수자가 매도자보다 더 적극적일 때

Ⅲ. 매도자가 불안해하며 웃돈을 요구할 때

Ⅳ. 매도되는 주식이나 계약보다 매수되는 주식이나 계약이 많을 때

A. Ⅰ, Ⅱ   C. Ⅱ, Ⅳ

B. Ⅱ, Ⅲ   D. Ⅲ, Ⅳ

2-10 추세가 하락하는 시기는?

Ⅰ. 공매도자들이 포지션을 늘릴 때

Ⅱ. 롱 포지션 보유자들이 넌더리를 내며 투매할 때

Ⅲ. 롱 포지션을 취하려는 투자자들이 대폭 할인된 가격
　에만 매수할 때

Ⅳ. 공매도자들이 더 낮은 가격에도 기꺼이 공매도할 때

A. Ⅰ

B. Ⅰ, Ⅱ

C. Ⅰ, Ⅱ, Ⅲ

D. Ⅰ, Ⅱ, Ⅲ, Ⅳ

2-11 상승 추세가 진행되는 도중 가격 쇼크는?

Ⅰ. 가격 급등

Ⅱ. 가격 급락

Ⅲ. 황소들이 겁을 먹는다.

Ⅳ. 곰들이 겁을 먹는다.

A. Ⅰ, Ⅲ

B. Ⅱ, Ⅲ

C. Ⅱ, Ⅳ

D. Ⅰ, Ⅳ

2-12 가격 쇼크로 상승세의 흐름이 끊기지만 곧 가격이 회복된다.
가격이 신고점을 기록하지만 일부 지표들이 고점을 낮춘다.
이런 패턴을 무엇이라 하는가?

A. 강세 다이버전스

B. 가격 급락

C. 약세 다이버전스

D. 가격 급등

2-13 트레이더의 주된 목표는?

> Ⅰ. 현재의 추세를 식별하는 것
>
> Ⅱ. 가까운 장래의 가격을 예측하는 것
>
> Ⅲ. 장기적으로 가격을 예측하는 것
>
> Ⅳ. 객관적이며 냉철한 태도를 견지하는 것

A. Ⅰ, Ⅱ   C. Ⅱ, Ⅲ

B. Ⅰ, Ⅳ   D. Ⅲ, Ⅳ

PART

03

전통적인 차트
분석법

초기 차티스트들은 발상의 전환을 이루어
냈다. 즉, 펀더멘털 요인 대신 주가와 거래량으로 어떤 주식을 언제 매
수하고 언제 매도할지 판단했다.

펀더멘털 분석가는 아주 협소한 영역에 전문가가 되어야 한다. 반면
기술적 분석은 두루 적용될 수 있다. 차트의 원리를 이해하면 주식, 채
권, 외환, 선물 등의 시장에도 이 원리를 적용할 수 있다. 세계적으로
거래 수단이 늘어나면서 기술적 분석은 점점 더 널리 활용되고 있다.

고가, 저가, 시가, 종가에 관한 정확한 데이터와 거래량, 미결제약정
에 관한 정보만 확보한다면 어떤 시장이든 황소와 곰 중 어느 쪽에 주
도권이 있는지 현명하게 판단할 수 있으며, 주도 세력이 이끄는 방향
으로 매매할 수 있다.

3부에서는 차트를 활용해 어떤 매매 결정을 내려야 하는지 질문할

것이다. 차트 한가운데서는 비교적 쉽게 패턴을 인식할 수 있다. 하지만 차트 오른쪽 끄트머리에서는 매매 신호를 찾기 어렵다. 그런데 결정을 내려야 할 곳은 바로 불확실성과 긴장, 잡음이 난무하는 차트 오른쪽 끝이다.

문제	1차 테스트	2차 테스트	3차 테스트	4차 테스트	5차 테스트
1					
2					
3					
4					
5					
6					
7					
8					
9					
10					
11					
12					
13					
정답 수					

3-1 가격에 관한 설명들이다. 맞게 짝지어라.

Ⅰ. 일일 고가   Ⅲ. 종가

Ⅱ. 일일 저가   Ⅳ. 시가

A. 아마추어의 의견   C. 황소 세력의 최대 역량

B. 프로의 의견   D. 곰 세력의 최대 역량

3-2 애널리스트 세 사람이 동일한 차트를 보고 있다. 한 사람은 상승 추세, 한 사람은 하락 추세라 판단하고, 한 사람은 횡보라 주장한다. 다음 중 개연성이 높은 것은?

Ⅰ. 애널리스트 한두 사람은 희망 사항을 말하고 있다.

Ⅱ. 이들은 추세에 대한 기본적인 견해가 다르다.

Ⅲ. 이들은 시간 단위가 다른 차트를 보고 있다.

Ⅳ. 세 사람 모두 제대로 분석했다면 세 사람의 의견은 일치했을 것이다.

A. Ⅰ   C. Ⅰ, Ⅱ, Ⅲ

B. Ⅰ, Ⅱ   D. Ⅰ, Ⅱ, Ⅲ, Ⅳ

3-3 시장의 움직임이 거의 없는 날 유동성이 큰 시장에 진입하면?

    A. 체결오차가 크다.

    B. 수수료가 크다.

    C. 체결오차가 적다.

    D. 수수료가 적다.

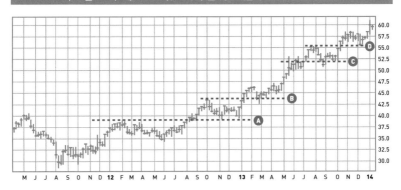

| 그림 3-4 | 메드트로닉(MDT) 주간 차트. (출처: Stockcharts.com)

지지선과 저항선

3-4 〈그림 3-4〉 차트의 지지 수준과 저항 수준은?

    1. A선

    2. A선, B선

    3. A선, B선, C선

    4. A선, B선, C선, D선

3-5 지지선과 저항선은?

Ⅰ. 밀집 구간의 가장자리를 관통해서 그려야 한다.

Ⅱ. 극단적인 고가나 저가를 이어서 그려야 한다.

Ⅲ. 고점과 저점, 저점과 고점을 이어서 그려야 한다.

Ⅳ. 고점과 고점, 저점과 저점을 이어서 그려야 한다.

A. Ⅰ, Ⅱ   C. Ⅲ, Ⅳ

B. Ⅱ, Ⅲ   D. Ⅰ, Ⅳ

3-6 지지와 저항의 힘은?

Ⅰ. 지지 영역이나 저항 영역을 건드린 주가의 수에 의해 결정된다.

Ⅱ. 영역의 거래량에 의해 결정된다.

Ⅲ. 영역의 높이에 의해 결정된다.

Ⅳ. 영역에서 주가가 머문 시간에 의해 결정된다.

A. Ⅰ   C. Ⅰ, Ⅱ, Ⅲ

B. Ⅰ, Ⅱ   D. Ⅰ, Ⅱ, Ⅲ, Ⅳ

3-7 주가가 밀집 구간에 몇 주간 머물다가 지지선 아래로 떨어졌다. 이튿날 어떤 트레이딩을 고려해야 할까?

> Ⅰ. 주가가 신저점으로 떨어지면 공매도하고 전일 고점 위에 손실제한을 설정한다.
>
> Ⅱ. 주가가 밀집 구간으로 반등하면 롱 포지션을 취하고 전일 저점 아래 손실제한을 설정한다.
>
> Ⅲ. 장이 열리자마자 공매도한다.
>
> Ⅳ. 장이 열리자마자 매수한다.

A. Ⅰ

B. Ⅰ, Ⅱ

C. Ⅰ, Ⅱ, Ⅲ

D. Ⅰ, Ⅱ, Ⅲ, Ⅳ

| 그림 3-8 | 월터에너지(WLT) 일간. (출처: Stockcharts.com)

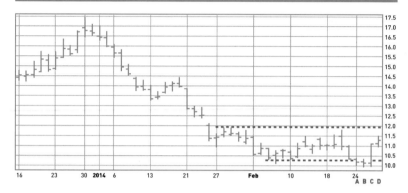

밀집 구간

3-8 〈그림 3-8〉 차트의 마지막 네 개 바 아래 알파벳과 아래 설명(Ⅰ, Ⅱ, Ⅲ, Ⅳ)을 맞게 짝지어라.

Ⅰ. 저점을 낮추고 종가도 하락 – 하락 움직임을 주시하라.

Ⅱ. 손실제한을 올리기 시작하라.

Ⅲ. 가짜 하향 돌파 – 롱 포지션을 취하라.

Ⅳ. 신저점으로 하락 – 하락 움직임이 계속될지 주시하라.

3-9 추세면 T, 박스권이면 R로 표시하라.

A. 상승 시마다 고점을 높인다.

B. 하락 시 비슷한 수준에서 하락이 멈춘다.

C. 계속 포지션을 늘려라.

D. 반전 신호가 나타나자마자 포지션을 정리하라.

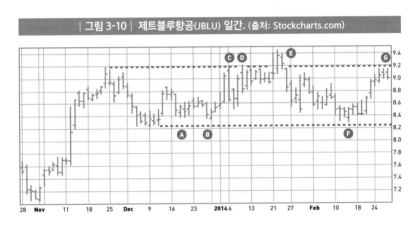

| 그림 3-10 | 제트블루항공(JBLU) 일간. (출처: Stockcharts.com)

지지와 저항에서 판단

3-10 〈그림 3-10〉 차트에 알파벳으로 표시된 영역과 아래 설명(Ⅰ, Ⅱ, Ⅲ, Ⅳ)을 맞게 짝지어라.

Ⅰ. 저항선에 도달하는 데 실패한 것은 약세를 의미 – 공매도 고려

Ⅱ. 지지선에 도달하는 데 실패한 것은 강세를 의미 – 매수 고려

Ⅲ. 저항선에 도달 – 매도하라

Ⅳ. 가짜 상향 돌파 – 공매도하라

3-11 상승 추세에 적합한 전술은?

Ⅰ. 신고점을 돌파하면 매수한다.

Ⅱ. 지지선으로 되돌림하면 매수한다.

Ⅲ. 손실제한으로 이전 롱 포지션의 수익을 방어한 경우에만 매수한다.

Ⅳ. 주가가 전저점을 이탈해 하락하면 매수한다.

A. Ⅰ

B. Ⅰ, Ⅱ

C. Ⅰ, Ⅱ, Ⅲ

D. Ⅰ, Ⅱ, Ⅲ, Ⅳ

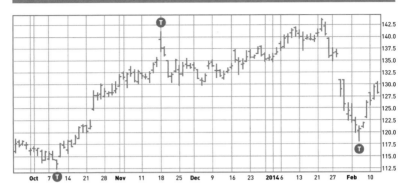

| 그림 3-12 | 보잉(BA) 일간. (출처: Stockcharts.com)

캥거루 꼬리

3-12 〈그림 3-12〉에서 'T'로 표시된 '캥거루 꼬리'와 맞지 않은 설명은?

A. 꼬리가 아래로 튀어나오면 공매도하라.

B. 꼬리란 조밀한 밀집 구간을 벗어나 튀어나온 바를 말한다.

C. 꼬리가 위로 튀어나오면 매도 신호다.

D. 시장은 대개 꼬리에서 되돌림한다.

3-13 〈그림 3-12〉의 오른쪽 가장자리 T 구역에서 매수한다면, 하지
말아야 할 행동은?

A. 꼬리 중간에 방어용 손실제한을 설정하고 주문한다.

B. 고점을 높인 다음 바에서 롱 포지션을 늘린다.

C. 신고점을 찍고 상승세가 멈추면 차익을 실현한다.

D. 꼬리 끝 아래 방어용 손실제한을 설정한다.

PART

04

컴퓨터를 이용한
기술적 분석

요즘에는 컴퓨터를 활용하지 않는 분석가나 트레이더가 드물다. 장비, 소프트웨어, 데이터 비용이 저렴해지면서 개인과 기간의 정보력 차이도 없어졌다.

컴퓨터를 활용하면 홍수처럼 쏟아지는 시장 정보를 처리해 더욱 객관적으로 분석할 수 있다. 하지만 컴퓨터는 도구일 뿐이다. 최고의 차를 산다고 해서 초보 운전자가 자동으로 모범운전자가 되는 것은 아니다. 4부에서는 컴퓨터를 이용한 기술적 분석에 대한 이해도를 알아볼 것이다. 기술적 분석을 위한 소프트웨어가 있으면 프로그램을 가동해가며 문제를 풀어도 좋다.

문제	1차 테스트	2차 테스트	3차 테스트	4차 테스트	5차 테스트
1					
2					
3					
4					
5					
6					
7					
8					
9					
10					
11					
12					
13					
14					
15					
16					
17					
18					
19					
20					

21					
22					
정답 수					

4-1 컴퓨터를 활용한 기술적 분석은?

> Ⅰ. 전통적인 차트 분석보다 객관적이다.
>
> Ⅱ. 미래를 예측할 수 있다.
>
> Ⅲ. 트레이딩에서 감정을 배제한다.
>
> Ⅳ. 성공적인 트레이딩을 보장한다.

A. Ⅰ   C. Ⅰ, Ⅱ, Ⅲ

B. Ⅰ, Ⅱ   D. Ⅰ, Ⅱ, Ⅲ, Ⅳ

4-2 다음 세 가지 소프트웨어 유형과 설명을 맞게 짝지어라.

> Ⅰ. 그레이박스   Ⅱ. 툴박스
>
> Ⅲ. 블랙박스

A. 현재의 시장 데이터를 입력하면 매수 신호와 매도 신호를 얻을 수 있다.

B. 1번과 동일하지만 지표 설정을 선택할 수 있다.

C. 차팅 도구와 지표를 모아둔 패키지다.

4-3 다음 세 가지 기술적 지표와 설명을 맞게 짝지어라.

> Ⅰ. 오실레이터   Ⅱ. 추세추종지표
>
> Ⅲ. 기타 군소 지표

A. 시장의 군중심리를 통찰할 수 있다.

B. 횡보장에서는 변곡점을 포착하지만 추세를 보이는 시장에서는 성급하고 위험한 신호를 보낸다.

C. 시장이 움직이고 있을 때는 적중률이 높지만 횡보장에서는 부적합한 신호를 낸다.

4-4 지난 6일 동안 종가가 23, 22, 21, 20, 23, 24에서 형성되었다. 마지막 날 5일 단순이동평균은 얼마인가?

A. 21

B. 22

C. 23

D. 정답 없음

4-5 단순이동평균보다 지수이동평균의 적중률이 높은 이유가 아닌
것은?

A. 지수이동평균이 손으로 계산하기 더 쉽다.
B. 지수이동평균이 주가 변화에 더 빨리 반응한다.
C. 과거의 데이터에 반응해 요동치지 않는다.
D. 군중심리를 더 면밀하게 추적할 수 있다.

4-6 지수이동평균으로 알 수 있는 가장 중요한 정보는?

A. 산출 기간
B. 신고점으로 상승할 여력
C. 신저점으로 하락할 여력
D. 기울기의 방향

| 그림 4-7 | 윌리엄소노마(WSM) 일간, 13일 EMA. (출처: Stockcharts.com)

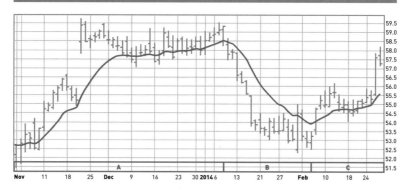

EMA 신호 - 일간

4-7 〈그림 4-7〉 하단의 알파벳 구간과 다음 EMA 기반 전략을 맞게 짝지어라.

1. 롱 포지션 관점에서만 매매한다.
2. 숏 포지션 관점에서만 매매한다.

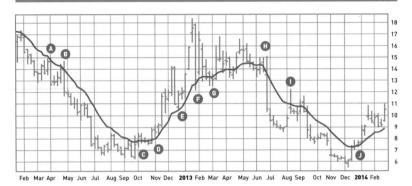

| 그림 4-8 | 블랙베리(BBRY) 주간, 13주 EMA. (출처: Stockcharts.com)

EMA 신호 - 주간

4-8 〈그림 4-8〉의 알파벳 지점과 다음 EMA 기반 전술을 맞게 짝지
어라.

1. 롱 포지션으로 진입하되 가장 최근의 저점 부근에 방어용
   손실제한을 설정한다.
2. 숏 포지션으로 진입하되 가장 최근의 고점 부근에 방어용
   손실제한을 설정한다.
3. 시장이 반전될 수 있으므로 포지션을 청산하고 관망한다.

4-9 MACD에 대한 설명으로 올바른 것은?

> Ⅰ. 빠른 MACD선은 단기 강세 혹은 약세를 반영한다.
> Ⅱ. 느린 MACD선은 장기 강세 혹은 약세를 반영한다.
> Ⅲ. 빠른 선이 느린 선 위에 있으면 황소들이 시장을 장악한 것이다.
> Ⅳ. 빠른 선이 느린 선 아래 있으면 곰들이 시장을 장악한 것이다.

A. Ⅰ, Ⅱ

B. Ⅲ, Ⅳ

C. 정답 없음

D. Ⅰ, Ⅱ, Ⅲ, Ⅳ

4-10 MACD 히스토그램에 대한 설명으로 틀린 것은?

A. 빠른 MACD선과 느린 MACD선의 격차를 측정한다.

B. MACD 히스토그램이 상승하면 황소들이 패권을 쥔 것이다.

C. 주가 상승 또는 하락을 예측한다.

D. 시장 주도 세력을 식별할 수 있다.

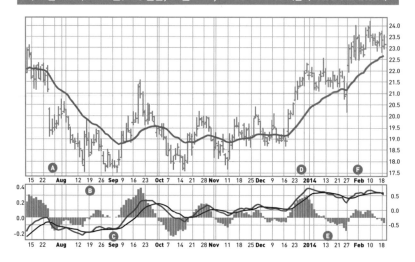

| 그림 4-11 | DR호턴(DHI) 일간, 26일 EMA, 12-26-9 MACD. (출처: Stockcharts.com)

MACD선과 MACD 히스토그램

4-11 아래 문장을 〈그림 4-11〉의 알파벳 지점과 짝지어라.

1. MACD 히스토그램이 고점을 높인다. 주가가 다시 이 수준으로 상승하거나 고점을 더 높일 것이다.

2. MACD 히스토그램이 저점을 낮춘다. 주가가 다시 이 수준으로 하락하거나 저점을 더 낮출 것이다.

3. 주도 세력의 위세가 꺾인다.

4. 약세 다이버전스가 발생하고 있다.

5. 강세 다이버전스가 발생하고 있다.

4-12 〈그림 4-11〉 오른쪽 끄트머리의 MACD 히스토그램, 지수이동 평균, 주가를 보고 취해야 할 행동은?

    A. 가장 최근의 고점까지 주가가 상승하거나 고점을 더 높일 것이다. 즉시 롱 포지션으로 진입하라.

    B. 곰들이 시장을 장악하고 있다. 즉시 공매도하라.

    C. 손실제한을 낮추고 약세 다이버전스인 D~F에서 숏 포지션의 차익을 실현할 태세를 갖춰라.

4-13 다음 중 방향성 운동에 대한 설명으로 올바른 것은?

    A. 일간 차트상 전일보다 위로 튀어나온 부분

    B. 일간 차트상 전일보다 아래로 튀어나온 부분

    C. 일간 차트상 전일보다 위나 아래로 튀어나온 부분 중 큰 쪽

    D. 정답 없음

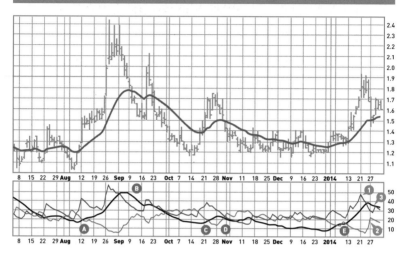

| 그림 4-14 | 알렉스코리소스(AXU) 22일 EMA, 13일 방향성 시스템
(❶ +DI, ❷ -DI, ❸ ADX). (출처: Stockcharts.com)

방향성 시스템

4-14 〈그림 4-14〉의 알파벳 지점과 다음 행동을 맞게 짝지어라.

Ⅰ. 방향성 지표가 두 개의 방향성 선보다 위에서 하락하면 일
부 차익을 실현하라.

Ⅱ. 방향성 지표가 하단 방향성 선을 상향 돌파하면 상단 방향
성 선의 방향으로 트레이딩하라.

Ⅲ. 방향성 지표가 두 개의 방향성 선보다 아래에 있으면 추세
추종 기법을 활용하지 마라.

4-15 〈그림 4-14〉의 오른쪽 끝에서 방향성 시스템이 지시하는 것은?

A. 롱 포지션 진입

B. 숏 포지션 진입

C. 관망

4-16 오실레이터의 역할이 아닌 것은?

A. 군중의 비관주의나 낙관주의가 어디까지 이어질지 식별한다.

B. 천장과 바닥을 포착한다.

C. 황소와 곰, 어느 쪽이 시장을 장악하고 있는지 판단한다.

D. 되돌림할 것으로 보고 주가가 이탈할 때 반대 방향으로 매매한다.

4-17 오실레이터가 몇 달 동안 계속 신고점을 기록할 경우, 다음 중 개연성이 가장 낮은 것은?

A. 상승세가 멈출 것이다.

B. 주가가 계속 고점을 높일 것이다.

C. 롱 포지션을 그대로 보유해도 된다.

D. 주가가 하락할 것이다.

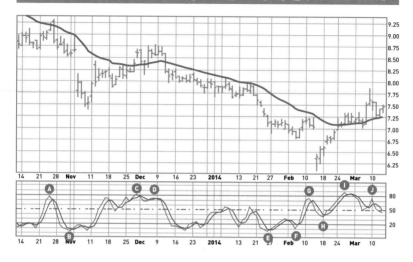

| 그림 4-18 | 립프로그(LF) 26일 EMA, 7/3 느린 스토캐스틱. (출처: Stockcharts.com)

스토캐스틱

4-18 〈그림 4-18〉의 알파벳 지점과 다음 스토캐스틱 패턴을 짝지
어라.

1. 과매수
2. 과매도
3. 강세 다이버전스
4. 약세 다이버전스
5. 기준선 도달 실패

4-19 〈그림 4-18〉 오른쪽 끝에서 스토캐스틱이 보내는 트레이딩 신호는?

A. 스토캐스틱이 과매수 상태이므로 공매도하라.

B. 스토캐스틱이 상승하고 있으므로 매수하라.

C. 하락 추세가 계속 힘을 얻고 있으므로 공매도하라.

D. 스토캐스틱이 중립이므로 관망하라.

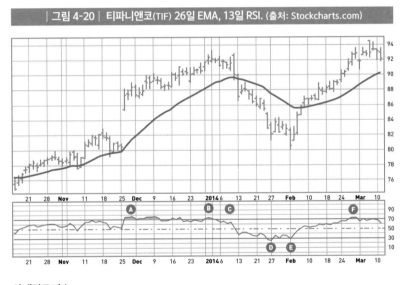

| 그림 4-20 | 티파니앤코(TIF) 26일 EMA, 13일 RSI. (출처: Stockcharts.com)

상대강도지수

4-20 〈그림 4-20〉의 상대강도지수(RSI) 형태와 아래 패턴을 맞게 짝 지어라.

1. 과매수

2. 과매도

3. 강세 다이버전스

4. 약세 다이버전스

4-21 〈그림 4-20〉 오른쪽 끝에서 RSI가 지시하는 것은?

A. 과매도 상태이므로 매수하라.

B. 약세 다이버전스이므로 공매도하라.

C. RSI가 하락 추세이므로 관망하라.

D. 여러 가지 매매 신호가 혼재하므로 당분간 관망하라.

4-22 시장이 하락 추세를 보일 경우, 스토캐스틱이나 RSI 같은 오실레이터가 가리키는 것은?

Ⅰ. 공매도 기회	Ⅲ. 매수 기회
Ⅱ. 매도 영역	Ⅳ. 환매 영역

A. Ⅰ, Ⅱ
B. Ⅲ, Ⅳ

C. Ⅰ, Ⅱ, Ⅲ, Ⅳ
D. 정답 없음

Trading for a Living

PART
05

거래량과
시간

초보는 주가만 뚫어지게 쳐다본다. 그런데 주가 등락만 들여다보고 있으면 최면에 걸린 듯 넋을 놓기 쉽다. 노련한 애널리스트는 분석 대상에 거래량을 포함시켜 시장을 심층적으로 이해한다. 또한 가격 변화가 얼마나 오랜 기간에 걸쳐 일어나는지도 살피며, 두 가지 이상의 시간 단위에서 분석한 다음 트레이딩 결정을 내린다.

5부에서는 선물, 옵션 등 파생시장과 관련 있는 미결제약정도 살펴본다. 파생시장에서 거래하지 않고 미결제약정에 대해 알고 싶지 않다면 질문 5-7, 5-8, 5-9를 건너뛰고 총점에 3점을 더하라.

문제	1차 테스트	2차 테스트	3차 테스트	4차 테스트	5차 테스트
1					
2					
3					
4					
5					
6					
7					
8					
9					
10					
11					
12					
13					
14					
15					
16					
17					
18					
19					
정답 수					

5-1 거래량이 반영하는 것으로 옳지 않은 것은?

    A. 시장 참여자들이 미래의 가격 변동에 어떻게 반응하는가?

    B. 시장에서 얼마나 많은 승자와 패자가 거래하고 있는가?

    C. 패자 집단이 포지션을 고수하고 있는가 아니면 포지션을 청산하고 있는가?

    D. 트레이더들이 심리적으로 어느 정도 깊이 몰입하고 있는가?

5-2 상승과 소폭 하락을 반복하면서 시장이 몇 달에 걸쳐 소폭 상승해왔다. 이 상승장의 거래량(1~4)과 아래 진술(A~D)을 서로 알맞게 짝지어라.

---

    1. 앞선 상승보다 거래량이 조금 더 많다.

    2. 앞선 상승보다 거래량이 두 배 많다.

    3. 거래량이 앞선 상승의 절반 수준이다.

    4. 거래량이 앞선 상승과 비슷하다.

    A. 곰들이 패닉 상태에 빠졌다. 롱 포지션의 차익을 일부 실현하라.

    B. 상승 추세가 탄탄하다. 롱 포지션을 그대로 유지하거나 규모를 늘려라.

C. 상승 추세가 탄력을 잃었다. 롱 포지션의 차익을 일부 실현하라.

D. 상승 추세가 탄탄하다. 롱 포지션을 그대로 유지하라.

| 그림 5-3 | 캡스톤터빈(CPST) 26일 EMA, 일간 거래량.(출처: Stockcharts.com)

거래량

5-3 다음 거래량 패턴과 〈그림 5-3〉의 알파벳을 맞게 짝지어라.

1. 가격은 고점을 높이지만 거래량은 고점을 낮춘다. 주가 하락이 예상되므로 롱 포지션의 차익을 실현하라.

2. 가격이 박스권 바닥 근처로 하락하고 거래량이 감소한다. 매수 기회를 살펴라.

3. 가격이 상승하고 거래량이 증가한다. 주가 상승이 예상되므로 주가 조정이 나타나도 롱 포지션을 그대로 보유하라.

4. 가격이 가치로 되돌림하고 거래량이 감소한다. 롱 포지션 진입 기회를 살피거나 롱 포지션의 규모를 늘려라.

5-4 〈그림 5-3〉의 끄트머리에서 거래량과 주가 패턴이 주는 신호는?

A. 가격이 상승하고 거래량이 많다. 당장 롱 포지션에 진입하라.

B. 가격이 가치로 되돌림하고 거래량이 감소한다. 주가 하락이 멈추기를 기다렸다가 롱 포지션에 진입하라.

C. 마지막 주가 상승에 거래량 수준이 뒷받침되지 않았다. 숏 포지션에 진입하라.

D. 당분간 관망하라.

5-5 거래량 균형(OBV)은?

> Ⅰ. OBV가 신저점으로 떨어지면 곰들이 활발하게 움직이고 있다는 의미다.
>
> Ⅱ. 트레이더들이 심리적으로 어느 정도 깊이 몰입하고 있는지를 추적한다.
>
> Ⅲ. 종종 가격이 신고점에 도달하기에 앞서 신고점에 도달한다.
>
> Ⅳ. 시장 종가가 하락할 때마다 상승한다.

A. Ⅰ

B. Ⅰ, Ⅱ

C. Ⅰ, Ⅱ, Ⅲ

D. Ⅰ, Ⅱ, Ⅲ, Ⅳ

5-6 매집/분산(A/D) 지표에 대한 설명을 바르게 짝지어라.

1. 시가가 전일 종가보다 하락하고 종가는 시가보다 낮게 형성된다.
2. 시가가 전일 시가보다 상승하고 종가는 시가보다 높게 형성된다.
3. 시가가 전일 종가보다 상승하지만 종가는 저점에서 형성된다.
4. 시가가 전일 종가보다 하락하지만 종가는 고점에서 형성된다.

A. 아마추어는 약세 쪽에, 프로는 강세 쪽에 베팅한다.
B. 아마추어는 강세 쪽에, 프로는 약세 쪽에 베팅한다.
C. 아마추어와 프로 모두 강세 쪽에 베팅한다.
D. 아마추어와 프로 모두 약세 쪽에 베팅한다.

5-7 시카고 상품거래소(CBOT)가 콩 미결제약정이 30만 계약이라고 발표했다. 어떤 의미인가?

A. 트레이더가 보유한 롱 계약 수 15만, 숏 계약 수 15만
B. 트레이더가 보유한 롱 계약 수 30만, 숏 계약 수 30만
C. 트레이더가 보유한 롱 계약 수 60만, 숏 계약 수 60만
D. 트레이더가 보유한 롱 계약 및 숏 계약 수 알 수 없음

5-8 1~4번 상황에 맞는 미결제약정의 변화를 알맞게 짝지어라.

1. 롱 포지션을 보유한 트레이더가 숏 포지션을 보유한 트레이더에게 매도한다.
2. 숏 포지션으로 진입하려는 트레이더가 들어와 환매하려는 트레이더에게 매도한다.
3. 롱 포지션으로 진입하려는 트레이더가 롱 포지션을 정리하려는 기존 롱 포지션 보유자에게 매수한다.
4. 새로운 매수자와 새로운 매도자가 서로 매매한다.

A. 미결제약정 증가
B. 미결제약정 감소
C. 미결제약정 변동 없음

5-9 미결제약정이 증가한다는 것은 어떤 의미인가?

1. 황소들이 장세를 확신하고 공격적으로 매수에 나서고 있다.
2. 패자 진영에 새로운 패자들이 계속 유입되고 있다.
3. 추세가 지속될 것이다.
4. 곰들이 장세를 확신하고 공격적으로 공매도에 나서고 있다.

A. 1

B. 1, 2

C. 1, 2, 3

D. 1, 2, 3, 4

5-10 가격이 변할 때 가격 움직임의 위력을 나타내는 것은?

---

1. 가격 변화폭

2. 해당 기간 동안의 거래량

3. 움직인 방향

4. 관련 시장들

A. 1

B. 1, 2

C. 1, 2, 3

D. 1, 2, 3, 4

5-11 강도지수 산출 공식은?

A. 오늘 종가 × (오늘 거래량 − 전일 거래량)

B. 오늘 종가 × (오늘 거래량 + 전일 거래량)

C. 오늘 거래량 × (오늘 종가 + 전일 종가)

D. 오늘 거래량 × (오늘 종가 − 전일 종가)

5-12 강도지수를 이동평균으로 평활화하는 이유는?

Ⅰ. 일일 강도지수의 히스토그램이 너무 들쭉날쭉하므로

Ⅱ. 강도지수의 2일 지수이동평균을 구하면 진입 시점을 알 수 있으므로

Ⅲ. 강도지수의 13일 지수이동평균을 구하면 황소와 곰 세력의 변화를 알 수 있으므로

Ⅳ. 평활화 강도지수와 가격의 다이버전스가 시장의 변곡점을 식별하는데 도움이 되므로

A. Ⅰ

B. Ⅰ, Ⅱ

C. Ⅰ, Ⅱ, Ⅲ

D. Ⅰ, Ⅱ, Ⅲ, Ⅳ

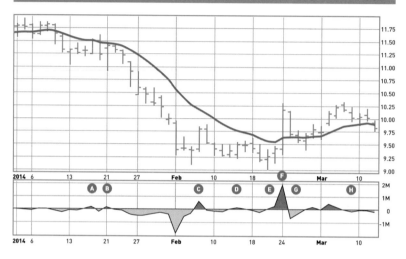

| 그림 5-13 | 스콜피오탱커스(STNG) 주가의 13일 EMA, 강도지수의 2일 EMA. (출처: Stockcharts.com)

강도지수, 2일 EMA

5-13 2일 지수이동평균으로 평활화한 단기 강도지수는 주가 추세 방향으로 진입하는 시기를 포착하는데 요긴하다. 현재 주가 추세는 주가 지수이동평균의 기울기를 통해 알 수 있다. 강도 지수는 단기 차익 실현 시점을 보여준다. 〈그림 5-13〉 차트의 알파벳으로 표시한 지점과 다음 진술을 맞게 짝지어라.

A. 매수하라.

B. 공매도를 중단하고 매수 기회를 살펴라.

C. 공매도하라.

D. 숏 포지션을 환매하라.

5-14 〈그림 5-13〉 오른쪽 끝에서 2일 강도지수가 보내는 신호는?

    A. 관망하라.

    B. 롱 포지션을 취하라.

    C. 숏 포지션을 취하라.

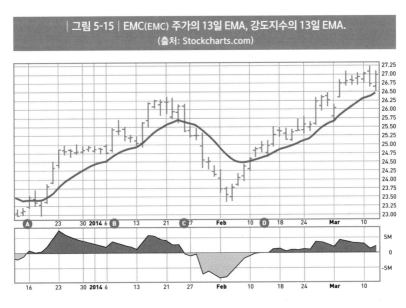

| 그림 5-15 | EMC(EMC) 주가의 13일 EMA, 강도지수의 13일 EMA.
(출처: Stockcharts.com)

강도지수, 13일 EMA

5-15 장기 강도지수의 13일 지수이동평균은 몇 가지 전략을 알려준다. 〈그림 5-15〉 차트에서 알파벳으로 표시한 지점과 다음 진술을 맞게 짝지어라.

1. 기준선 아래로 하락 – 숏 포지션에 진입하라.
2. 기준선 위로 상승 – 롱 포지션에 진입하라.
3. 주도 세력의 힘이 빠지고 있다.

5-16 〈그림 5-15〉의 오른쪽 끝에서 13일 강도지수가 보내는 신호는?

A. 관망하라.
B. 롱 포지션을 취하라.
C. 숏 포지션을 취하라.

5-17 시장 사이클이 발생하는 이유는?

1. 경제 펀더멘털의 변화
2. 생산자와 소비자가 호황기에는 탐욕을 부리고 불황기에는 공포에 사로잡히기 때문에
3. 트레이더들이 비관주의와 낙관주의 사이를 넘나들기 때문에
4. 행성의 움직임에 영향을 받아서

A. 1   C. 1, 2, 3

B. 1, 2   D. 1, 2, 3, 4

| 그림 5-18 | 몰리콥(MCP) 주가의 13일 EMA, 12-26-9 MACD 히스토그램.
(출처: Stockcharts.com)

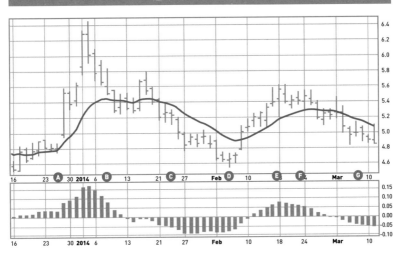

지표의 계절

5-18 〈그림 5-18〉의 알파벳과 '금융시장 지표의 계절'을 바르게 연
결하라.

1. 봄 – 롱 포지션을 취하라.
2. 여름 – 롱 포지션의 차익을 실현하라.

3. 가을 - 숏 포지션을 취하라.

4. 겨울 - 숏 포지션의 차익을 실현하라.

5-19 트레이더는 두 가지 시간 단위로 시장을 심층 분석한다. 다음 중 두 가지 시간 단위의 조합으로 가장 알맞은 것은?

A. 주간 및 일간

B. 월간 및 일간

C. 연간 및 일간

D. 연간 및 주간

Trading for a Living

PART

06

전체 시장을
분석하는 지표

　　　　　　　수많은 군중이 사고 팔면서 시장에는 낙관
주의와 비관주의라는 거대한 파도가 출렁인다. 이 파도가 추세를 만들
면 관망하던 사람들이 시장에 유입되고, 이들이 또 사고 팔면서 추세
는 더욱 탄력을 받는다. 그러다 추세가 극단에 도달하면 더 이상 지탱
하지 못한다. 장기적으로는 펀더멘털 요인이 시장을 지배하지만 중기,
단기 추세는 집단 심리가 결정한다.

　주식시장과 선물시장에서 군중의 맥을 짚는데 도움이 되는 다양한
지표들이 있다. 주식시장 전체를 분석하는 지표는 특히 주식지수 선물
과 옵션을 거래하는데 유용하다. 시장의 추세는 대다수 종목에 영향을
미치므로 전체 시장이 보내는 신호는 주식 트레이더에게 도움이 된다.

　전체 시장을 분석하는 지표는 특히 미국 시장에서 거래하는 트레이
더에게 중요한데, 자문 서비스를 제공하는 몇몇 회사에서 전체 시장

지표를 추적해 제공하고 있다. 미국 이외의 지역에서 거래하는 트레이더는 자국에서 비슷한 도구를 개발하면 유용하게 쓸 수 있을 것이다.

문제	1차 테스트	2차 테스트	3차 테스트	4차 테스트	5차 테스트
1					
2					
3					
4					
5					
6					
7					
8					
9					
10					
11					
12					
정답 수					

6-1 신고점/신저점 지수는?

> 1. 특정일에 신고점을 기록한 종목 수를 측정한다.
>
> 2. 거래소에서 가장 약세를 보인 종목 수를 추적한다.
>
> 3. 특정일에 신저점을 기록한 종목 수를 측정한다.
>
> 4. 거래소에서 가장 강세를 보인 종목 수를 추적한다.

A. 1, 3

B. 2, 4

C. 1, 2, 3, 4

D. 정답 없음

6-2 다음 신고점/신저점 지수 패턴(1~4)과 시장이 보내는 신호(A~D)를 맞게 짝지어라.

---

1. 지수가 양수이며 신고점으로 상승한다.
2. 주식시장이 신저점으로 하락하고 지수가 바닥을 높인다.
3. 지수가 음수이며 신저점으로 하락한다.
4. 주식시장이 신고점으로 상승하고 지수가 고점을 낮춘다.

A. 약세 주도 세력이 강력하다. 숏 포지션 관점에서 트레이딩하라.

B. 약세 다이버전스로 황소들의 기운이 빠지고 있다. 롱 포지션의 차익을 실현하고 숏 포지션으로 진입할 기회를 모색하라.

C. 강세 다이버전스로 곰들의 기운이 빠지고 있다. 숏 포지션의 차익을 실현하고 롱 포지션으로 진입할 기회를 모색하라.

D. 강세 주도 세력이 강력하다. 롱 포지션 관점에서 트레이딩하라.

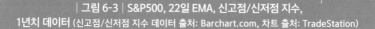

| 그림 6-3 | S&P500, 22일 EMA, 신고점/신저점 지수, 1년치 데이터 (신고점/신저점 지수 데이터 출처: Barchart.com, 차트 출처: TradeStation)

신고점/신저점 지수

6-3 〈그림 6-3〉의 알파벳 지점과 아래 문장을 짝지어라.

1. 황소들이 시장을 장악하고 있다. 롱 포지션 관점에서 트레이딩하라.

2. 곰들이 시장을 장악하고 있다. 숏 포지션 관점에서 트레이딩하라.

3. 강세 다이버전스. 숏 포지션의 차익을 실현하고 롱 포지션으로 진입할 태세를 갖춰라.

4. 약세 다이버전스. 롱 포지션의 차익을 실현하고 숏 포지션으로 진입할 태세를 갖춰라.

6-4 〈그림 6-3〉의 오른쪽 끝에서 신고점/신저점 지수가 보내는 신호는?

1. 지수가 과매수 상태를 나타낸다. 공매도하라.
2. 지수가 양수이며 상승하고 있다. 롱 포지션으로 진입하라.
3. 강세 다이버전스가 아니다. 관망하라.
4. 여러 가지 매매 신호가 혼재한다. 관망하라.

6-5 다음 중 등락주선에 적용되는 것은?

1. 상승 종목 수와 하락 종목 수를 추적한다.
2. 등락주선이 신고점으로 상승하면 시장은 강세이고, 등락주선이 신저점으로 하락하면 약세다.
3. 등락주선의 수준보다 등락주선의 천장과 바닥이 더 중요하다.
4. 거래량이 주가 움직임을 확증할 때를 표시한다.

A. 1   C. 1, 2, 3

B. 1, 2   D. 1, 2, 3, 4

6-6 주식시장에서 대다수가 상승장을 예측하면?

> 1. 시장이 고점 부근에 다다랐다. 롱 포지션을 청산하고 숏 포지션으로 진입할 기회를 모색하라.
> 2. 강력한 상승 추세다. 롱 포지션으로 진입하라.
> 3. 시장을 떠받칠 만한 새로운 매수자가 충분치 않다.
> 4. 롱 포지션 규모를 두 배로 늘려야 한다.

A. 1   C. 2

B. 1, 3   D. 2, 4

6-7 구리 선물시장이 강력한 상승 추세를 보이며 강세 합의 지표가 75퍼센트로 상승했다. 이에 대한 설명으로 바른 것은?

A. 곰 1인당 평균 투자금이 황소 1인당 평균 투자금의 세 배에 해당한다.

B. 곰 1인당 평균 투자금과 황소 1인당 평균 투자금은 비슷하다.

C. 황소 1인당 평균 투자금이 곰 1인당 평균 투자금의 세 배에 해당한다.

D. 이 정보로는 어느 쪽이 더 많이 투자했는지 알 수 없다.

6-8 옥수수 풍작으로 공급이 증가해 옥수수 선물시장이 하락세를 보이고 있다. 가격이 하락일로에 접어들면서 강세 합의 지표가 20퍼센트로 떨어졌다. 이에 대한 설명으로 바른 것은?

A. 황소 1인당 평균 투자금이 곰 1인당 평균 투자금의 다섯 배에 해당한다.

B. 황소 1인당 평균 투자금과 곰 1인당 평균 투자금은 비슷하다.

C. 곰 1인당 평균 투자금이 황소 1인당 평균 투자금의 네 배에 해당한다.

D. 황소 1인당 평균 투자금이 곰 1인당 평균 투자금의 네 배에 해당한다.

6-9 커피 가격이 6년래 최고 수준에 도달했다는 신문 보도가 나왔다. 보도에 따르면 커피 재배국인 브라질에 눈이 내리고 있다. 장모님은 가격이 더 오르기 전에 인스턴트커피 10파운드를 사두라고 한다. 트레이더는 어떻게 대응해야 하는가?

A. 커피 선물시장에서 롱 포지션으로 진입하거나 콜옵션을 매수한다.

B. 커피 선물시장에서 숏 포지션으로 진입하거나 풋옵션을 매수한다.

C. 커피 가격을 따라 코코아 가격이 상승할 것이므로 코코아 선물시장에서 롱 포지션으로 진입한다.

D. 커피 가격 상승은 인플레이션 신호이므로 금을 매수한다.

6-10 트레이더의 포지션과 설명을 맞게 짝지어라.

1. 포지션 한도	3. 내부 정보
2. 의무 보고	4. 헤징

A. 트레이딩 시 정부 기관에 보고해야 하는 수준

B. 현물시장의 포지션 위험을 상쇄하기 위해 선물시장에서 포지션을 취한다.

C. 기업은 초과할 수 있다.

D. 선물시장에서는 합법이다.

6-11   다양한 시장 참여자 집단에 대한 설명을 맞게 짝지어라.

> 1. 소자본 투기자　　　3. 기업
>
> 2. 대자본 투기자　　　4. 기업 내부자

A. 보고 수준을 초과하는 계약 보유

B. 사업 위험을 헤징

C. 기업 임원이나 주식 대량 보유자

D. 시장에서 돈을 날리기 가장 쉬운 집단

6-12   약세가 11개월째 이어지고 있다. 주식을 보유하고 있는 기업의 분기 실적이 하락했다. 이 기업의 부회장 두 명과 대주주 한 명이 기업 주식을 매수했고, 주식은 연저점보다 1달러 상승했다. 나는 어떻게 대응해야 하는가?

A. 즉시 공매도한다(강력한 약세장이다).

B. 즉시 매수한다(내부자 매수).

C. 강세장이 시작될 때까지 관망한다.

D. 매수를 시작해 롱 포지션을 늘려 나간다.

Trading for a Living

PART
07

트레이딩
시스템

트레이딩 시스템은 진입, 목표, 손실제한을 설정하기 위한 의사결정 기구다. 유용한 도구이긴 하지만 과거의 데이터를 활용해 세밀하게 조정한 다음 자동으로 작동해 뚝딱뚝딱 수익을 창출하는 요술 방망이는 아니다. 트레이딩 시스템은 시장의 요란한 소음이 가라앉았을 때 고요한 사무실에서 개발된 것이다. 신중하게 고안된 시스템은 시장에 폭풍우가 몰아칠 때 평정심과 이성을 잃지 않도록 보호해준다. 믿을 만한 시스템은 많은 사람이 군중심리에 휩쓸려 떠내려갈 때 자제력을 잃지 않도록 도와준다.

7부에서는 오랜 세월을 거치면서 검증된 몇 가지 트레이딩 시스템에 관한 지식을 물어볼 것이다. 문제를 풀면서 이들 시스템 중 하나를 트레이딩에 활용할지, 아니면 이 시스템을 토대로 자신만의 시스템을 개발할지 생각해보라.

문제	1차 테스트	2차 테스트	3차 테스트	4차 테스트	5차 테스트
1					
2					
3					
4					
5					
6					
7					
8					
9					
10					
11					
12					
13					
14					
15					
16					
정답 수					

7-1 시장에 관한 다음 설명 중 동시에 일어나는 현상을 맞게 짝지은 것은?

> Ⅰ. 추세가 상승한다.
> Ⅱ. 추세가 하락한다.
> Ⅲ. 지표가 매수 신호를 보낸다.
> Ⅳ. 지표가 매도 신호를 보낸다.

A. Ⅰ, Ⅲ

B. Ⅱ, Ⅳ

C. Ⅰ, Ⅱ, Ⅲ, Ⅳ

D. 정답 없음

7-2 일간 차트에서 매매 기회를 살필 때 적절한 것은?

A. 일간 차트에만 집중한다.

B. 주간 차트로 추세를 식별하고 주간 차트의 추세 방향대로 만 매매 기회를 살핀다.

C. 일간 차트에서 매매 기회를 찾고 주간 차트가 같은 방향을 가리키고 있는지 점검한다.

D. 월간 차트에서 추세를 식별하고 일간 차트를 활용해 추세 방향대로만 매매 기회를 살핀다.

7-3 트레이딩 시스템을 찾을 때 반드시 거쳐야 할 단계가 아닌 것은?

A. 한 번에 한 바씩 백테스트하기

B. 소액으로 전진분석하기

C. 다른 시스템 사용자들에게 의견 구하기

D. 모든 트레이딩 기록하기

7-4 트레이딩에 진입하기 전에 반드시 기록해야 할 수치가 아닌 것은?

A. 진입 가격이나 범위

B. 돈으로 환산한 잠재 수익

C. 목표

D. 방어용 손실제한

7-5 삼중 스크린 매매 시스템의 첫 번째 스크린으로 주간 MACD 히스토그램을 선택했다. 주간 MACD 히스토그램이 하락하면?

> I. 롱 포지션으로 진입한다.
>
> II. 숏 포지션으로 진입한다.
>
> III. 관망한다.
>
> IV. I, II, III 모두

A. I, III

C. III

B. II, III

D. IV

7-6 삼중 스크린 매매 시스템의 첫 번째 스크린에서 추세가 상승하고 있다. 두 번째 스크린의 5일 스토캐스틱이 85까지 상승하면?

A. 즉시 롱 포지션으로 진입한다.

B. 즉시 숏 포지션으로 진입한다.

C. 스토캐스틱이 40 아래로 하락할 때까지 기다렸다가 롱 포지션으로 진입한다.

D. 스토캐스틱이 40 아래로 하락할 때까지 기다렸다가 숏 포지션으로 진입한다.

7-7 주간 추세가 상승하고 있지만 지난 며칠 동안 하락세가 나타나
두 번째 스크린에서 강도지수의 2일 지수이동평균이 0 아래로
떨어졌다. 트레이더의 대응은?

A. 첫 번째와 두 번째 스크린이 일치된 움직임을 보일 때까지
   기다린다.
B. 전일 고점 위에 매수 주문을 낸다.
C. 전일 저점 아래 공매도 주문을 낸다.
D. 보유 포지션을 모두 청산한다.

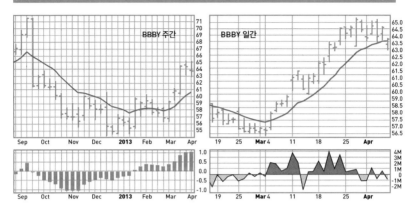

| 그림 7-8 | 왼쪽: BBBY 주간 차트, 13-바 EMA, 12-26-9 MACD 히스토그램. 오른쪽: BBBY 일간 차트, 13-바 EMA, 2-바 강도지수 (출처: Stockcharts.com)

삼중 스크린 매매 시스템

7-8 〈그림 7-8〉 두 차트의 오른쪽 끝에서 삼중 스크린 매매 시스템
이 보내는 신호는?

A. 주간 차트 상승 추세. 일간 차트 상승 추세. 즉시 롱 포지션
으로 진입하라.

B. 일일 강도지수가 약세 다이버전스를 보인다. 즉시 숏 포지
션으로 진입하라.

C. 주간 차트 상승 추세. 일일 강도지수 과매도. 마지막 일간
바의 고점 위에 매수 주문을 내라.

D. 주간 추세의 방향과 일간 추세의 방향이 다르므로 관망하라.

7-9 삼중 스크린 매매 시스템의 신호와 적절한 대응을 서로 맞게 짝 지어라.

> 1. 주간 차트 상승 추세. 일간 차트 상승 추세.
> 2. 주간 차트 상승 추세. 일간 차트 하락 추세.
> 3. 주간 차트 하락 추세. 일간 차트 상승 추세.
> 4. 주간 차트 하락 추세. 일간 차트 하락 추세.

A. 매수 주문을 시작한다.

B. 공매도 주문을 시작한다.

C. 관망한다.

7-10 임펄스 시스템에 관한 설명으로 틀린 것은?

A. 임펄스 시스템은 매수 또는 매도 시점을 알려준다.

B. 빠른 이동평균의 기울기는 시장이 어느 방향으로 관성을 갖고 움직이는지를 표시한다.

C. MACD 히스토그램의 마지막 두 개 바의 기울기는 어느 쪽 이 시장의 주도 세력인지 표시한다.

D. 임펄스 시스템은 색을 바꿔서 매수 또는 공매도 금지를 해 제한다.

7-11 다음 지표와 임펄스 시스템의 신호를 맞게 짝지어라.

> 1. 지수이동평균 상승, MACD 히스토그램 상승.
>
> 2. 지수이동평균 상승, MACD 히스토그램 하락.
>
> 3. 지수이동평균 하락, MACD 히스토그램 하락.
>
> 4. 지수이동평균 하락, MACD 히스토그램 상승.

A. 임펄스 시스템 녹색 (강세)

B. 임펄스 시스템 적색 (약세)

C. 임펄스 시스템 청색 (중립)

| 그림 7-12 | JCP 일간, 13-바 EMA, 12-26-9 MACD 히스토그램, 임펄스 시스템.
(출처: Stockcharts.com)

임펄스 시스템

7-12 〈그림 7-12〉 차트에 알파벳으로 표시한 바와 다음 설명을 맞게 짝지어라.

1. 매수 또는 관망 허용, 공매도 금지
2. 공매도 또는 관망 허용, 매수 금지
3. 매수, 공매도, 관망 허용

7-13 〈그림 7-8〉의 BBBY 주간 차트에 임펄스 시스템을 적용한다면 맨 오른쪽 바의 색깔은?

A. 녹색

B. 적색

C. 청색

D. 판단을 위한 정보 부족

7-14 이동평균 주위의 정확한 채널 넓이는?

A. 프로들만 아는 비밀이다.

B. 지난 50~100개 바의 모든 가격이 포함된다.

C. 지난 50~100개 바 가격의 약 90퍼센트가 포함된다.

D. 지난 50~100개 바 가격의 절반 정도가 포함된다.

7-15 이동평균 채널에 대한 설명을 맞게 짝지어라.

> 1. 시장이 저평가되었다.
>
> 2. 시장이 고평가되었다.
>
> 3. 변동성에 의해 결정된다.
>
> 4. 시장이 적정선에서 평가되었다.

A. 상단 채널선   C. 하단 채널선

B. 이동평균   D. 채널 계수

7-16 채널에 대한 설명으로 틀린 것은?

A. 채널의 중앙은 가치에 대한 합의를 나타내므로 언제나 채널의 중앙에서 매수 혹은 공매도하는 것이 좋다.

B. 채널이 급상승하고 상단 채널선이 상향 돌파되면 강한 상승장이므로 이동평균으로 되돌림할 때 매수해야 한다.

C. 채널이 비교적 수평을 이루면 채널의 바닥 부근이 적절한 매수 기회이며, 채널의 꼭대기 부근이 적절한 매도 기회다.

D. 채널이 급락하고 하단 채널선이 하향 돌파되면 하락장이므로 이동평균으로 되돌림할 때 공매도한다.

PART

08

트레이딩
대상

"나는 주식, 선물, 옵션을 트레이딩하지 않습니다. 나는 내 계좌에 있는 돈을 트레이딩합니다." 이렇게 말하는 프로들이 있다. 이들에게 주식, 선물, 옵션은 단지 트레이딩 대상일 뿐, 프로는 시스템 설계와 위험 관리에 주력한다. 그리고 자신이 택한 방향이 옳았기를 바란다.[1]

트레이딩 대상은 수없이 많다. 하나의 범주나 하나의 범주에 속하는 소수의 대상에 집중하기 전에 트레이딩할 수 있는 다른 대상들에 대해

---

[1] 몇 해 전, 요르단에 사는 베두인족 가이드가 내게 직업이 뭔지 물었다. 나는 월스트리트에서 트레이딩업계에 종사하고 있다고 말했다. 가이드는 친구들이 염소를 사고 파는 지역 시장을 지나면서 염소 한 마리가 300달러에 거래되고 있다며 염소는 사막에서 아주 중요한 재산이라고 말했다. 그가 거래하고 싶은지 묻자 나는 웃으면서 이렇게 응수했다. 사막의 장사꾼들을 월스트리트에 데려다 놓고 컴퓨터 사용법을 가르치면 많은 미국인에게 바가지를 씌울 수 있을 거라고.

알아보아야 한다.

8부에서는 몇 가지 중요한 트레이딩 대상에 관한 지식을 테스트할 것이다. 문제를 풀면서 현재 트레이딩하고 있는 대상에 대해 생각해보라. 하나의 유형만 트레이딩하라는 법은 없다. 시야를 넓혀 다른 유형을 트레이딩할 수도 있다.

문제	1차 테스트	2차 테스트	3차 테스트	4차 테스트	5차 테스트
1					
2					
3					
4					
5					
6					
7					
8					
9					
10					
11					
12					
정답 수					

8-1 트레이딩 대상을 선택할 때 다음 중 핵심 고려 사항이 아닌 것은?

A. 유동성

B. 변동성

C. 인기

D. 표준시간대

8-2 주식을 매수하면?

A. 회사를 상대로 채권자가 된다.

B. 내부자가 된다.

C. 회사가 돈을 벌면 수익을 얻게 된다.

D. 회사의 일부를 소유하게 된다.

8-3 워런 버핏이 '미스터 마켓'에 대응하는 방식은?

> Ⅰ. 미스터 마켓이 행복할 때 매수한다.
>
> Ⅱ. 미스터 마켓이 행복할 때 매도한다.
>
> Ⅲ. 미스터 마켓이 우울할 때 매도한다.
>
> Ⅳ. 미스터 마켓이 우울할 때 매수한다.

A. Ⅰ

B. Ⅱ

C. Ⅰ, Ⅲ

D. Ⅱ, Ⅳ

8-4 ETF는 주식처럼 거래되도록 설계된 자산 보유 수단이다. ETF에 관한 설명 중 틀린 것은?

A. 선택할 수 있는 자산의 종류가 적다.

B. 기초자산의 가치와 느슨하게 연동된다.

C. 경상비 때문에 수익이 감소한다.

D. 특정 유형의 자산이나 주식을 매수할 수 있다.

8-5 주식 옵션에 관한 설명을 맞게 짝지어라.

Ⅰ. 주가 하락에 베팅

Ⅱ. 주가 상승에 베팅

Ⅲ. 기초 자산이 행사가격보다 낮은 콜

Ⅳ. 기초 자산이 행사가격보다 높은 콜

A. 외가격

B. 풋

C. 내가격

D. 콜

8-6 옵션 가격을 결정하는 요소가 아닌 것은?

A. 옵션 만기에 가까운 정도

B. 옵션 행사 가격에 가까운 정도

C. 기초자산의 주가가 해당 업종에 가까운 정도

D. 기초자산인 주식의 변동성

8-7 콜과 풋에 대한 설명을 서로 맞게 짝지어라.

Ⅰ. 기초자산인 주식 가격이 오른다.

Ⅱ. 기초자산인 주식 가격이 내린다.

Ⅲ. 기초자산인 주식 가격이 변하지 않는다.

A. 콜 매수자에게 유리

B. 풋 매수자에게 유리

C. 콜 발행자에게 유리

D. 풋 발행자에게 유리

8-8 다음 안전 조치 중 옵션 발행 시 가장 피해야 할 것은?

A. 기초자산의 가격이 도달할 수준 밖에서 옵션을 발행한다.

B. 가격이 일정 정도 불리하게 움직이면 옵션 포지션을 청산할 수 있도록 손실제한을 설정한다.

C. 델타가 낮은 옵션을 발행한다.

D. 보험 계좌를 개설한다.

8-9 선물 매수와 옵션 매수의 가장 큰 차이점은?

    A. 롱 포지션 수와 숏 포지션 수.

    B. 선물은 주식 옵션보다 서로 상관성이 적다.

    C. 옵션 거래가 가능한 주식은 수천 가지이지만 선물의 종류는 10여 개뿐이다.

    D. 옵션 매수자가 볼 수 있는 최대의 손실은 최초 프리미엄이지만 선물 매수자는 훨씬 더 큰 손실을 보기도 한다.

8-10 선물시장의 가장 큰 위험은?

    A. 주식에 비해 계약 기간이 비교적 짧음

    B. 적은 증거금으로 거래 가능

    C. 일일 가격 한도

    D. 헤저들의 내부자 거래

8-11 선물에 관한 설명을 맞게 짝지어라.

Ⅰ. 익월물 상품 계약은 인도월이 더 먼 계약보다 비싸다.

Ⅱ. 트레이더는 현물 포지션과 반대로 선물 포지션을 보유한다.

Ⅲ. 기상 악화로 면화 수확이 감소한다.

Ⅳ. 한파가 닥치면 난방용 기름값이 오른다. 트레이더는 난방용 기름을 공매도하고 원유를 매수한다.

A. 공급 주도 시장

B. 스프레드 트레이딩

C. 역조 시장

D. 헤징

8-12 외환시장에 관한 설명으로 올바른 것은?

> Ⅰ. 외환시장은 중심이 되는 거래소가 없다. 기관 트레이더들끼리 서로 직접 거래한다.
>
> Ⅱ. 외환중개회사는 고객의 주문을 받고 트레이딩을 실행하지 않는 경향이 있다.
>
> Ⅲ. 1:30이 넘는 레버리지로 트레이더가 쉽게 돈을 버는데 도움이 된다.
>
> Ⅳ. 소매 거래 외환중개회사는 수수료로 수익을 낸다.

A. Ⅰ

B. Ⅰ, Ⅱ

C. Ⅰ, Ⅱ, Ⅲ

D. Ⅰ, Ⅱ, Ⅲ, Ⅳ

PART

09

<u>위험 관리</u>

아무리 탁월한 시스템이라도 매번 수익을 낼 순 없다. 따라서 모든 시스템에는 위험 관리 규칙이 포함되어 있다. 유망한 트레이딩 시스템을 개발해도 위험 관리 규칙이 없거나 위험 관리가 엉망이면 계속 돈을 날리게 된다.

어떤 시스템이든 일정 기간 손실을 보는 시점이 찾아오기 마련이다. 이럴 때 위험 관리가 생사를 가른다. 위험을 관리하지 않으면 어떤 시스템도 도움이 되지 않는다.

프로는 시장의 환경과 자금 사정에 비추어 어느 정도의 위험을 감수할지, 트레이딩 규모를 어떻게 바꿀지 심사숙고해 계산한다. 시장에서 생존하고 성공하려면 위험 관리는 필수다.

스터디 가이드에서 이 부분만큼은 꼭 우수한 성적을 받아야 한다. 그 이하는 안 된다! 트레이더는 폭풍우가 몰아치는 바다를 항해하는 것이나 다름없다. 위험 관리 규칙은 구명보트이자 구명조끼다. 안전장비에 이상이 없는지 확인하자.

문제	1차 테스트	2차 테스트	3차 테스트	4차 테스트	5차 테스트
1					
2					
3					
4					
5					
6					
7					
8					
9					
10					
11					
12					
13					
14					
15					
16					
17					
정답 수					

9-1 트레이딩에서 수익이 발생하면 환호하고 손실을 보면 참담한 기분이 된다. 이런 현상에 대한 바른 설명은?

A. 잘하고 있다. 자신의 감정에 충실해야 한다.
B. 감정으로 이성이 흐려져 있어 올바른 트레이딩 결정을 내리는데 방해가 된다.
C. 기분이 좋으면 포지션 규모를 두 배로 늘리고, 기분이 나쁘면 포지션을 청산해야 한다.
D. 손실을 보고 참담한 기분이 되는 것은 적절한 반응이다.

9-2 트레이더가 손실이 나는 포지션에서 벗어나지 못하는 이유가 아닌 것은?

A. 포지션에 집착하기 때문에
B. 자신의 판단이 틀렸다는 사실을 인정하기 싫어서
C. 건전한 트레이딩 계획을 따르기 때문에
D. 손실을 받아들이는 것은 곧 희망을 포기하는 것이므로

9-3 지표가 상승 전환하자 롱 포지션으로 진입했다. 그런데 2일 뒤 시장이 하락하고 지표도 하락 전환하는 바람에 200달러의 평가손실이 발생했다. 처음 설정한 손실제한은 시장가보다 낮은 300달러였고 다음 지지 수준은 진입가보다 낮은 350달러다. 어떻게 대처해야 하는가?

A. 포지션을 보유하고 손실제한도 그대로 유지한다.
B. 손실을 수용하고 시장에서 빠져나와 관망한다.
C. 포지션을 두 배로 늘려 물타기한다.
D. 손실제한을 다음 지지 수준으로 추정되는 수준보다 조금 아래로 낮춘다.

9-4 쉬는 시간에 트레이더 두 사람이 동전 던지기 내기를 했다. 앞뒷면 각각 1달러가 걸려 있다. 트레이더 A는 3달러, 트레이더 B는 10달러를 보유하고 있다. 쉬는 시간이 끝날 때 트레이더 A가 내기에 이길 확률은?

A. 약 100퍼센트
B. 약 50퍼센트
C. 약 0퍼센트
D. 정보 부족으로 판단 불가

9-5 자금 관리 목표를 중요한 순서대로 나열하라.

Ⅰ. 고수익   Ⅲ. 꾸준한 수익률

Ⅱ. 생존

A. Ⅰ, Ⅱ, Ⅲ

B. Ⅱ, Ⅲ, Ⅰ

C. Ⅲ, Ⅱ, Ⅰ

9-6 경험으로 유용성이 검증된 규칙은?

Ⅰ. 마진콜을 당하지 마라.

Ⅱ. 물타기를 하지 마라.

Ⅲ. 첫 번째 실수했을 때 가장 대가가 적다.

Ⅳ. 가볍게 운신하려면 최악의 포지션부터 정리하라.

A. Ⅰ

B. Ⅰ, Ⅱ

C. Ⅰ, Ⅱ, Ⅲ

D. Ⅰ, Ⅱ, Ⅲ, Ⅳ

9-7 트레이딩 도중 돈을 세고 있다면?

> Ⅰ. 즉시 멈춰라. 멈출 수 없으면 포지션을 청산하라.
>
> Ⅱ. 돈을 세서 손실제한을 계산하라.
>
> Ⅲ. 돈을 세서 수익 목표를 계산하라.
>
> Ⅳ. 계좌 잔고의 변화를 도표로 만들어라.

A. Ⅰ

B. Ⅰ, Ⅱ

C. Ⅰ, Ⅱ, Ⅲ

D. Ⅰ, Ⅱ, Ⅲ, Ⅳ

9-8 트레이딩 시스템에서 잠재 수익이 괜찮고 주당 손실제한이 진입 가보다 0.98달러 아래인 트레이딩을 권고하고 있다. 계좌에는 2만 8,000달러가 있다. 2퍼센트 규칙에 의하면 몇 주를 살 수 있는가?

A. 300주

B. 400주

C. 500주

D. 600주

9-9 상승 종목 300주를 매수했는데 3달러 올랐다. 고려해야 할 것은?

Ⅰ. 손실제한을 옮길 지점

Ⅱ. 목표 변경 여부

Ⅲ. 지금까지 얼마를 벌었는가?

Ⅳ. 600주를 샀다면 얼마를 벌었을까?

A. Ⅰ

B. Ⅰ, Ⅱ

C. Ⅰ, Ⅱ, Ⅲ

D. Ⅰ, Ⅱ, Ⅲ, Ⅳ

9-10 손실제한에 관한 설명으로 올바른 것은?

> I. 롱 포지션을 취하고 있을 때는 손실제한을 내리지 마라.
>
> II. 숏 포지션을 취하고 있을 때는 손실제한을 내려도 된다.
>
> III. 롱 포지션을 취하고 있을 때는 손실제한을 올려도 된다.
>
> IV. 숏 포지션을 취하고 있을 때는 손실제한을 올리지 마라.

A. I, IV

B. II, III

C. 정답 없음

D. I, II, III, IV

9-11 손실제한 주문은?

I. 잘못된 트레이딩의 손실을 제한한다.

II. 마음을 편안하게 해준다.

III. 트레이딩 시스템이 잘못될 경우, 피해를 줄인다.

IV. 손실이 일정액을 넘지 않도록 해준다.

A. I

B. I, II

C. I, II, III

D. I, II, III, IV

9-12 다음 중 2퍼센트 규칙을 지킨 트레이더는?

Ⅰ. 트레이더 A: 계좌 자금 1만 8,000달러, 20달러에 200주 매수, 손실제한 18달러

Ⅱ. 트레이더 B: 계좌 자금 5만 달러, 20달러에 400주 매수, 손실제한 18달러

Ⅲ. 트레이더 C: 계좌 자금 2만 5,000달러, 20달러에 400주 매수, 손실제한 19달러

Ⅳ. 트레이더 D: 계좌 자금 6만 달러, 20달러에 1,500주 매수, 손실제한 19달러

A. Ⅰ, Ⅱ

B. Ⅱ, Ⅲ

C. Ⅲ, Ⅳ

D. Ⅰ, Ⅱ, Ⅲ, Ⅳ

9-13 다음 중 트레이더에게 가장 치명적인 실수 두 가지는?

> I. 소문을 듣고 트레이딩한다.
>
> II. 손실제한 없이 트레이딩한다.
>
> III. 깜박하고 오픈 포지션을 방치한다.
>
> IV. 계좌 자금에 비해 너무 큰 규모로 트레이딩한다.

A. I, II

B. II, III

C. I, IV

D. II, IV

9-14 위험을 통제하는 철의 삼각형에서 매수 또는 공매도 주식 수 산출 방식은?

A. 목표가에서 진입가를 뺀다.

B. 목표가를 손실제한으로 나눈다.

C. 목표가에 손실제한을 더한다.

D. 돈으로 환산한 전체 위험을 주당 위험으로 나눈다.

9-15 다음 중 6퍼센트 규칙으로 올바른 것은?

A. 한 번의 트레이딩으로 부담하는 위험이 계좌 자금의 6퍼센트를 넘기면 안 된다.

B. 트레이딩당 2퍼센트의 위험을 부담하고 한 달에 세 번 손실을 본다면 다음 세 번의 트레이딩 시 위험을 줄여야 한다.

C. 트레이딩당 2퍼센트의 위험을 부담하고 세 번 연속 손실을 본다면 이번 달에는 더 이상 트레이딩할 수 없다.

D. 오픈 포지션의 평가손실은 6퍼센트 규칙 제한에 포함되지 않는다.

9-16 '가용' 위험을 계산할 때 6퍼센트 규칙에 고려되지 않는 것은?

A. 그달의 평가수익

B. 그달의 총손실

C. 오픈 포지션의 위험

D. 오픈 포지션이 전부 불리하게 움직일 때 일어날 일

9-17 심각한 손실을 본 후 트레이딩에 복귀할 때 옳지 않은 것은?

A. 아주 작은 규모로 트레이딩을 시작해 실적 목표를 달성한 후 단계적으로 규모를 늘린다.

B. 바로 최대 규모로 트레이딩한다. 두려움에 맞서 극복한다.

C. 위험 관리에 집중해 스스로 관리자 역할을 한다.

D. 2퍼센트 규칙보다 더 낮춰서 트레이딩한다.

Trading for a Living

PART

10

실용적인
원칙들

나는 세계적으로 유명한 기술적 분석가가
금에 관해 강연하는 것을 들은 적이 있다. 그는 스크린에 차트를 띄우
고 추세와 반전 예상 지점을 가리켰다. 강연을 듣던 한 트레이더가 손
을 들었다. "그렇다면 오른쪽 끝에서 매수하실 건가요, 매도하실 건가
요?" 전문가는 스크린을 응시하더니 말했다. "2~3주 지나면 확실하게
대답할 수 있겠네요." 트레이더는 이해할 수 없다는 듯 전문가를 쳐다
봤다.

트레이딩에서는 답을 기다리느라 2주나 지체할 여유가 없다. 차트
오른쪽 끝에서 매수할지, 매도할지, 아니면 관망할지 오늘, 지금 결정
해야 한다. 관망은 적절한 선택이다. 트레이딩하기로 했다면 어디에서
진입할지 선택하고 목표를 정하고 손실제한을 설정해야 한다.

이 일을 완수하는 방법은 아주 다양하지만 여기서는 《심리투자 법

칙》개정판에서 설명한 방법을 복습해보자.

문제	1차 테스트	2차 테스트	3차 테스트	4차 테스트	5차 테스트
1					
2					
3					
4					
5					
6					
7					
8					
9					
10					
11					
12					
정답 수					

10-1 롱 포지션에 진입할 때 가장 바람직하지 않은 것은?

A. 전일 고점 상향 돌파 시 매수

B. 채널 위로 상향 돌파 시 매수

C. 가치 구간으로 되돌림 시 매수

D. 가치 구간 관통 시 매수

10-2 금이 상승 추세를 보이고 이동평균 상승으로 상승 추세가 확증된다. 몇 주마다 공황 장세가 짧게 이어져 가격이 이동평균 밑으로 떨어졌다가 다시 상승 추세로 돌아선다. 3개월 전, 가격은 이동평균보다 2.50달러 낮았고, 2개월 전에는 1.50달러, 지난달에는 4달러 낮았다. 이동평균보다 얼마나 아래 매수 주문을 내야 하는가?

A. 이동평균 바로 아래

B. 1달러 아래

C. 3달러 아래

D. 5달러 아래

10-3 상승하는 이동평균 부근에서 매수할 때 적절한 수익 목표는?

A. 상단 채널선

B. 하단 채널선

C. 가장 최근 아래로 관통한 값만큼 이동평균에서 위로 떨어진 거리

D. 이동평균이 하락 전환할 때

10-4 장기 수익 목표를 설정할 때 가장 좋은 기준은?

A. 이동평균

B. 채널

C. 다이버전스

D. 지지와 저항

10-5 손실제한에 관한 설명 중 틀린 것은?

A. 속임수 신호로 이어진다.

B. 손실제한으로 위험/보상 비율을 계산할 수 있다.

C. 최대 손실 규모를 제한한다.

D. 최대 손실이 어느 정도일지 가늠할 수 있다.

10-6 다음 손실제한 설정법 중 '시장 노이즈'에 걸리지 않도록 하는 데 도움이 되는 것은?

> Ⅰ. 가격 채널 밖에 설정
>
> Ⅱ. 안전지대 손실제한
>
> Ⅲ. 평균 실제 거래범위(ATR) 손실제한
>
> Ⅳ. 지지 또는 저항 기준 손실제한

A. Ⅰ

B. Ⅰ, Ⅱ

C. Ⅰ, Ⅱ, Ⅲ

D. Ⅰ, Ⅱ, Ⅲ, Ⅳ

10-7 다음 중 손실제한에 적용되는 규칙은?

> Ⅰ. 빤한 수준에 손실제한을 두지 마라.
>
> Ⅱ. 어림수에 손실제한을 설정하지 마라.
>
> Ⅲ. 수익 포지션이 손실 포지션이 되지 않도록 손실제한을 옮겨라.
>
> Ⅳ. 트레이딩한 방향으로만 손실제한을 옮겨라.

A. Ⅰ

B. Ⅰ, Ⅱ

C. Ⅰ, Ⅱ, Ⅲ

D. Ⅰ, Ⅱ, Ⅲ, Ⅳ

10-8 일간 바의 고점이 23달러, 저점이 21달러다. 21.50달러에 매수했다면 매수 등급은?

A. 25퍼센트

B. 50퍼센트

C. 75퍼센트

D. 정답 없음

10-9 일간 바의 고점이 29달러, 저점이 26달러다. 27달러에 매도했다면 매도 등급은?

A. 33퍼센트
B. 50퍼센트
C. 66퍼센트
D. 75퍼센트

10-10 이동평균의 기울기로 판단할 때 상승 추세로 보인다. 매수한 날 상단 채널선이 32.50달러, 하단 채널선이 26.50달러다. 29달러에 매수해 며칠 뒤 31달러에 매도했다. 트레이딩 등급은?

A. 25퍼센트
B. 33퍼센트
C. 50퍼센트
D. 66퍼센트

10-11　검출에 관한 설명으로 틀린 것은?

A. 수많은 종목을 검토할 수 있다.

B. 자신이 정한 패턴에 맞는 종목을 찾을 수 있다.

C. 제대로 설계하면 수익 트레이딩을 발견할 수 있다.

D. 개별 종목뿐 아니라 특정 업종의 종목도 검출할 수 있다.

10-12　탈락 규칙을 통해 종목을 거르는 기준으로 옳지 않은 것은?

A. 수익성이 없다.

B. 하락 추세를 보인다.

C. 거래량이 충분하지 않다.

D. 너무 싸거나 비싸다.

PART

11

트레이딩
일지

일지를 기록하면 지나간 실수를 연구해 같은 실수를 반복하지 않게 된다. 또한 수익을 얻으려면 어떤 단계를 밟아야 하는지 분명히 알 수 있어 똑같이 진행할 수 있다.

훌륭한 일지는 심리, 시장 분석, 위험 관리가 어우러져 있으며, 절제력을 키우고 유지할 수 있는 최상의 도구다. 실적을 개선하려면 경험에서 배워야 하는데, 경험에서 배우려면 일지를 기록해야 한다. 트레이더로 성장하기 위해 일지를 기록하는 것은 매우 중요하고도 반드시 필요한 습관이다.

문제	1차 테스트	2차 테스트	3차 테스트	4차 테스트	5차 테스트
1					
2					
3					
4					
5					
6					
7					
8					
9					
정답 수					

11-1 일지를 잘 기록할 때 성취할 수 있는 것이 아닌 것은?

A. 절제력이 커진다.

B. 충동적인 트레이딩이 줄어든다.

C. 실수하지 않게 된다.

D. 스스로에게 스승이 된다.

11-2 아침마다 하는 숙제가 특히 중요한 이유는?

A. 정신을 차리고 깨는데 도움이 된다.

B. 그날의 트레이딩과 관련된 뉴스나 보도를 살펴볼 수 있다.

C. 전일 실적을 검토할 수 있다.

D. 손실제한을 조정할 수 있다.

11-3 개장 전 매일 심리 자가진단을 하는 주된 목적은?

> Ⅰ. 기분이 어떤지 평가한다.
> Ⅱ. 트레이딩할 준비가 되었는지 평가한다.
> Ⅲ. 트레이딩하면 안 되는 날을 알 수 있다.
> Ⅳ. 점수가 완벽한 날에는 트레이딩 규모를 늘릴 수 있다.

A. Ⅰ, Ⅱ

B. Ⅱ, Ⅲ

C. Ⅲ, Ⅳ

D. Ⅰ, Ⅳ

11-4 트레이딩 계획에 포함되지 않는 것은?

A. 사용할 전략

B. 진입, 청산, 손실제한

C. 돈으로 환산한 위험

D. 벌어들일 돈

11-5 트레이드 아프가에 관한 설명으로 옳은 것은?

> Ⅰ. 계획에 관한 질문이 많을수록 트레이딩 준비가 잘
>   된다.
> Ⅱ. 트레이딩 계획에 관한 질문 수를 다섯 개로 유지한다.
> Ⅲ. 질문에 자세하게 답하고 신중하게 따져본다.
> Ⅳ. 예, 아니오, 중간 세 가지로만 답한다.

A. Ⅰ, Ⅲ

B. Ⅱ, Ⅳ

C. Ⅰ, Ⅳ

D. Ⅱ, Ⅲ

11-6 트레이딩에 진입하기 전 트레이드빌을 작성하면 어디에 집중할 수 있는가?

> Ⅰ. 진입, 청산, 손실제한
> Ⅱ. 수익 발표일과 배당락일
> Ⅲ. 트레이딩 전략
> Ⅳ. 위험 및 포지션 규모

A. Ⅰ

B. Ⅰ, Ⅱ

C. Ⅰ, Ⅱ, Ⅲ

D. Ⅰ, Ⅱ, Ⅲ, Ⅳ

11-7 트레이딩 진입 후 트레이드빌에 기록해야 하는 것은?

Ⅰ. 손실제한 설정, 유연한 손실제한과 엄격한 손실제한
   모두 활용 시 둘 다

Ⅱ. 손익분기 수준으로 손실제한을 옮길 수준

Ⅲ. 트레이딩 일지에 기입했는지 여부

Ⅳ. 목표 수익

A. Ⅰ

B. Ⅰ, Ⅱ

C. Ⅰ, Ⅱ, Ⅲ

D. Ⅰ, Ⅱ, Ⅲ, Ⅳ

11-8 마감한 트레이딩을 검토할 때 옳지 않은 것은?

A. 현재 트레이딩에만 집중하고 과거를 곱씹지 마라.

B. 손실을 입었을 때 충분히 쓰렸으므로 다시 생각할 필요가 없다.

C. 과거를 되돌아보느라 시간을 쓰지 말고 미래를 계획하는 데 시간을 써라.

D. 과거를 통해 배워야 실수를 반복하지 않는다.

11-9 트레이드 저널에서 가장 교육 효과가 큰 것은?

A. 전략을 기록한다.

B. 진입 차트와 청산 차트를 추가한다.

C. 트레이딩 몇 주나 몇 달 후 후속 차트를 게시한다.

D. 진입, 청산, 트레이딩 등급을 기록한다.

NEW
TRADING
FOR A LIVING

PART 2

정답 및 해설

정답 0-1: C (Ⅰ , Ⅳ)

펀더멘털(기본적) 분석은 경제 여건을 연구하고, 기술적 분석은 시장의 행위에 집중한다. 둘 다 매매 기회를 포착하는데 유용하다.

주식시장에 도는 소위 '지라시 정보'는 거의 언제나 한발 늦다. 게다가 이런 정보를 유포하며 매수를 권하는 사람은 매도 시점을 절대 알려주지 않는다. 지라시 정보는 반드시 자신의 의사결정 시스템에서 검증하고 난 뒤 활용해야 한다. 대부분의 선진국에서 내부정보를 활용한 거래는 범죄다.

정답 0-2: C

성공적인 트레이딩을 위한 세 가지 기본은 건전한 심리, 우수한 분석 기법, 신중한 자금 관리다. 견실한 분석 기법을 보유한 훌륭한 트레이더는 자신이 내부자다.

정답 0-3: A

적당한 의심과 회의가 최선이다. 합리적인 발상을 차용하고 스스로의 경험으로 검증하라. 처음에는 적은 규모로 시작해서 자신감이 생기면 차츰 규모를 늘려 나가라.

`정답` 0-4: D

체결오차와 수수료 때문에 시장은 대다수 트레이더에게 처음부터 불리한 경쟁 무대다. 또한 감정적인 트레이딩 때문에 시장에서 퇴출되기도 한다. 각종 감시 장치가 구비된 시장에서 사기는 큰 영향을 미치지 못한다.

`정답` 0-5: D

패자가 잃은 돈보다 승자가 가져가는 돈이 적으면 마이너스섬 게임이다. 수수료와 체결오차라는 요인이 있기 때문에 트레이딩은 마이너스섬 게임이다. 금융 서비스를 제공하는 측에서는 이 사실을 숨기려고 한다.

`정답` 0-6: A

주식은 매수할 때 수수료를 지불하고, 매도할 때 또 수수료를 지불해야 한다. 20달러짜리 주식을 100주 매수하려면 2,000달러가 든다. 수수료가 10달러(0.5퍼센트)라면 매수, 매도 시 총 20달러(1퍼센트)를 지불해야 한다. 증거금을 활용해서 1,000달러만 지불하고 나머지는 차입한다면 수수료는 전체 자본의 2퍼센트가 된다. 차입한 증거금에 대해서는 이자도 지불해야 한다.

얼핏 보기에는 수수료가 대수롭지 않은 듯하지만, 1년 동안 트레이딩하는 횟수를 곱하면 꽤 많은 돈이 빠져나간다. 특히 소자본으로 거래할 때나 증거금을 활용할 때는 타격이 크다.

- 교훈: 트레이딩 대상을 아주 까다롭게 선별하고 신중하게 트레이딩 계획을 검토하라.

`정답` 0-7: B

주당 체결오차가 8센트로, 100주 매수 시 체결오차는 총 8달러다. 수수료에 맞먹는 금액이다. 트레이딩 규모가 커지면 주당 수수료 비용은 상대적으로 줄어들지만 체결오차는 그렇지 않다. 1,000주를 거래하면 체결오차는 80달러 혹은 80달러보다 더 클 수도 있다. 해결책은 간단하다. 트레이딩 진입 시 지정가 주문을 활용하라.

정답 0-8: C

20.08달러에 100주를 매수했고, 주당 수익은 80센트, 총 100주이므로 총수익은 80달러다. 매수 시 체결오차는 8센트, 매도 시 체결오차는 12센트로 주당 총 20센트, 총체결오차는 20달러다. 총체결오차 20달러는 트레이딩 수익 80달러의 25퍼센트에 해당한다.

손실제한을 설정할 때 지정가 주문은 적절하지 않다. 손실제한 가격에 도달하면 시장가 주문을 내도록 설정하라. 빠져나올 때가 되면 '탈출' 버튼만 누르면 된다. 어느 정도의 체결오차는 피할 수 없지만 최대한 체결오차를 낮춰야 한다.

정답 0-9: B

주식을 20.08달러에 매수해 20.88달러에 매도했으므로 주당 수익은 80센트, 총수익은 80달러다. 진입 시 수수료는 10달러, 청산 시 수수료도 10달러다. 진입 시 체결오차는 8달러, 청산 시 체결오차는 12달러다. 총수익의 40~50퍼센트가 날아갔고, 정부는 세금을 뜯어가려고 군침을 흘리고 있다.

트레이딩 비용을 줄이는데 주력해야 한다. 중개인에게 수수료를 낮춰달라고 요구하거나 수수료가 더 낮은 중개인을 찾아라. 고르고 골라 트레이딩하고 가능하면 시장가 주문 대신 지정가 주문을 활용하라.

자가 진단

정답 수 0 ~ 3개: 낙제	용기를 내라. 여러분이 맞히지 못한 문제는 아무도 묻는 사람이 없는 질문이며, 금융업계가 숨기려고 하는 사실들이다. 시간을 갖고 《심리투자 법칙》 개정판을 읽은 다음 다시 문제를 풀어보라.
정답 수 4 ~ 6개: 양호	기본 개념은 이해하고 있다. 틀린 문제를 복습하고 며칠 뒤 다시 풀어보라.
정답 수 7 ~ 9개: 우수	많은 사람이 간과하고 있지만 아주 중요한 개념들을 잘 이해하고 있다. 심리와 위험 관리에 관한 내용들이 재미있을 것이다.

정답 1-1: D

트레이딩은 불확실한 미래에 투자하는 것이므로 위험이 따르기 마련이다. 손실 위험이 없다면 보상도 없다. 아마추어는 위험에 마주치면 두려움, 의기양양함, 분노 등 감정적인 반응을 보인다. 프로는 미리 위험을 측정하고 확실히 유리할 때만 트레이딩한다.

정답 1-2: A

트레이더는 최선을 다해야 하며, 자신이 가진 역량을 최대한 발휘해야 한다. 돈에 눈이 멀어 물건을 사려고 트레이딩하거나 가족에게 으스댈 목적으로 트레이딩한다면 최선을 다한다는 최종 목표가 눈에 들어오지 않는다. 훌륭한 외과 의사는 수술실에서 돈을 세지 않는다. 마찬가지로 현명한 트레이더는 트레이딩 도중에 돈을 세지 않는다.

정답 1-3: C

과거의 실수를 배움의 기회로 삼아야 한다. 손실이 발생한 원인을 찾아내고 실수를 바로잡으며 전진해야 한다. 속이 쓰리지만 이기려면 반드시 해야 하는 일이다. 이런 분석 작업도 없이 수렁에서 빠져나오려고 허우적댄다면, 설령 새로운 지도자를 만나더라도 파산하는 것은 불 보듯 뻔한 일이다. 먼저 수렁에 빠진 원인부터 규명해야 한다. 트레이딩 일지에 관해 살펴보면서 다시 이 주제를 논의하겠다.

정답 1-4: A

자본금 규모가 크면 분산투자할 수 있고, 포지션을 여러 개 운용할 수 있으며, 부대비용이 차지하는 비율이 적다. 아마추어는 계좌에 돈이 있다는 이유만으로 쉽게 돈을 날린다. 자금 관리를 다루면서 트레이딩 규모 관리 규칙에 관해 다시 살펴보겠다.

정답 1-5: D(III, IV)

시중에 판매되는 트레이딩 시스템은 과거의 데이터를 활용해 구축되고 최적화된 것이므로 시간이 지나면 자연히 폐물이 된다. 스스로 시스템을 개발하는 영리한 트레이더라면 시대 상황에 맞게 시스템을 조정할 수 있지만, 시스템을 구입한 트레이더라면 시스템과 함께 몰락하게 마련이다. 최적화 기능이 내장된 시스템이라도 시간이 지나면 무용지물이 되기는 마찬가지다. 미래에는 어떤 종류의 최적화 기능이 통할지 알 수 없기 때문이다. 시스템에서 보내는 매매 신호로 트레이딩할 때도 혼자 트레이딩할 때와 마찬가지로 감정의 기복을 겪게 되므로 시스템을 이용해 트레이딩하더라도 자제력은 반드시 필요하다. 성숙한 판단을 대신할 수 있는 건 없다.

정답 1-6: C(I , II , III)

도박 중독의 핵심 증상 중 하나는 도박을 멈추고 도박판에서 물러나 자신의 행동을 뒤돌아볼 수 없다는 것이다. 시장에서 도박하는 트레이더는 대체로 실적이 형편없다. 걸핏하면 포지션 방향을 바꾸고 트레이딩 결과에 일희일비

한다. 연속해서 손실을 보는 일도 흔하다. 만약 연속해서 손실을 본다면 트레이딩을 멈추고 기법을 재평가하라. 신중한 트레이더는 손실에서 교훈을 얻지만 도박꾼은 충동을 이기지 못하고 트레이딩을 계속한다.

정답 1-7: C

사는 모습과 트레이딩 양상은 대개 닮아 있다. 성공하려면 반드시 절제력이 뒷받침되어야 한다. 트레이딩과 일상생활에서 공통적으로 나타나는 문제점이 무엇인지 들여다보라. 이 트레이더는 책임감에 심각한 문제가 있는 듯하다. 이런 문제를 직시하고 트레이딩과 일상생활을 함께 추슬러 나가야 한다.

정답 1-8: D(I , IV)

시장에서 이기기 위해 남들보다 똑똑하거나 박식할 필요는 없다. 하지만 절제력은 뛰어나야 한다. 감정은 진입, 청산, 자금 관리 등 트레이딩의 모든 영역에 영향을 미친다. 탐욕이나 공포에 휘둘리면 어떤 시스템도 무용지물이 되고 만다. 트레이딩에 도취되는 순간, 트레이딩은 도박이 되므로 불리한 확률에도 마구 베팅해 돈을 잃게 된다.

정답 1-9: C(I , III)

이전보다 전체 계좌에서 위험이 차지하는 비율이 높아지지 않는 한 트레이딩 규모를 늘려 나가도 된다. 이 주제는 위험 관리를 논할 때 다시 살펴보겠다. 트레이딩을 잠시 멈추고 휴가를 떠나는 것도 좋다. 휴가를 즐기며 성공 요인을 곱씹어보라. 반면 손실제한을 제대로 설정하지 않고 연구를 게을리하는 것은 전형적인 패자의 행동이다.

정답 1-10: D

패자는 게임이 주는 짜릿함과 대박을 향한 기대를 버리지 못한다. 주정뱅이가 몇 잔 마셨는지 세지 않듯 트레이딩 일지도 제대로 기록하지 않는다. 주정뱅이가 술집에서 술을 마시다가 집에서도 술을 마시듯 패자도 걸핏하면 트레이딩 시스템과 기법을 바꾼다.

정답 1-11: C

패자는 트레이딩이 주는 짜릿함에 도취돼 대박에 대한 미련을 접지 못한다. 패자는 언제나 손실을 남의 탓으로 돌리며 책임을 회피한다.

정답 1-12: D

손실에 대한 책임을 인정하면 시야를 가리던 뿌연 착각의 안개가 걷히고 현실에 뿌리를 두고 새롭게 트레이딩하게 된다. 훌륭한 트레이딩 시스템, 새로운 매매 기법, 강세장도 도움이 되지만 무엇보다 책임을 지는 태도를 먼저 갖춰야 한다.

정답 1-13: B(Ⅱ, Ⅲ)

자신이 실패에 한몫했다는 것을 인정하는 용기가 있어야 돌아서서 전진할 수 있다. 이런 트레이더는 손실을 빨리 정리하고 과도한 트레이딩을 피할 수 있다. 절제력으로 두려움에서 벗어날 수는 있지만 수수료나 체결오차를 줄일 순 없다. 수수료나 체결오차를 줄이려면 중개인을 신중하게 선택하고 시장가 주문을 피해야 한다.

정답 **1-14: C**

침착함과 절제된 태도는 성공적인 트레이딩의 초석이다. 트레이딩 계획을 적고 실행한다면 성공가도에 올라선 셈이다. 트레이딩 계획을 논하는 부분에서 이 주제를 다시 살펴보겠다. 넉넉한 자본, 정보에 밝은 친구들, 다른 분야에서 성공한 경력도 바람직하지만 절제된 계획만큼 중요한 건 없다. 감정적인 트레이딩은 성공의 적이다. 트레이딩으로 황홀경에 빠지거나 겁에 질리면 판단력이 흐려진다. 감정에 사로잡힌 상태라면 트레이딩하지 말아야 한다.

정답 **1-15: A**

충동적으로 트레이딩하면 시장이 혼란스럽고 불합리하게 보이기도 한다. 좋은 정보의 부족, 넉넉하지 못한 자본, 시장의 무작위성 등 다른 문제들도 트레이더에게 혼란을 주지만 감정적인 트레이딩보다는 사소한 요인이다.

정답 **1-16: C**

트레이딩은 트레이더가 진입을 결심해야 시작되고 트레이더가 청산을 결심해야 끝난다. 이런 결정은 오로지 트레이더 본인이 내려야 한다. 기술적 지표를 활용할 수도, 기본적 분석에 의존할 수도 있고, 믿을 만한 자문가의 조언을 들을 수도 있지만 트레이딩의 시작과 끝은 트레이더만이 결정할 수 있다.

정답 수 0~4개: 낙제	적신호가 켜졌다. 자기 인식 수준이 낮아 위험에 빠질 수 있다. 성공하려면 트레이딩 심리에 대해 더 학습해야 한다. 일상생활에서는 심리전을 이용한 꼼수가 도움이 될 수도 있지만 트레이딩에서 꼼수는 파멸로 이어진다. 교육 제도는 의존성을 키우고 지도자를 따르도록 가르친다. 독립적이고 창조적이며 현실적인 트레이더만이 성공할 수 있다. 관련 내용을 다시 읽고 다시 문제를 푼 다음 2부로 넘어가라.
정답 수 5~8개: 평균 이하	절반 정도 맞았다는 건 하위 50퍼센트에 속한다는 의미이므로 승자가 되기에는 부족한 점수다. 트레이딩의 개인 심리에 대해 더 배워야 한다. 관련 자료를 더 읽어보고 다시 문제를 풀어보라.
정답 수 9~12개: 양호	트레이딩 심리의 기본 개념을 알고 있지만 부족한 부분이 있다. 추천 교재를 읽고 며칠 뒤 다시 문제를 풀어보라. 시장에서 성공하려면 견실한 심리와 절제력이 반드시 필요하다.
정답 수 13~16개: 우수	개인 심리에 관한 각종 주제를 확실히 익혔다. 틀린 문제만 복습해보라. 성공한 트레이더는 독립적으로 사고하고 행동한다. 단순히 실수로 틀렸는지, 아니면 자신의 독특한 사고방식 때문에 다른 해답을 고른 건지 검토해보라.

| 추천 도서 |

마크 더글러스Mark Douglas의《훈련된 트레이더The Disciplined Trader》, 에드윈 르페브르Edwin Lefevre의《어느 주식 투자자의 회상Reminiscences of a Stock Operator》

정답 2-1: D

가격은 매수, 매도 주문을 내거나 관망하는 군중에 의해 결정된다. 각각의 주가 틱은 가치에 관한 가장 최근의 합의로, 주문 또는 보류된 주문이 만들어낸다. 황소와 곰이 차트 위에 남긴 발자국들이 모이면 틱은 패턴이 된다. 시장의 군중이 이리저리 몰려다니면 수요-공급 곡선 역시 이리저리 밀려다닌다. 가격은 장기적으로는 펀더멘털과 연계돼 있지만 매일의 군중심리에 의해 결정된다.

정답 2-2: C

황소는 되도록 낮은 가격에 매수하려고 하고, 곰은 되도록 높은 가격에 매도하려고 한다. 그리고 양 진영은 모두 관망하던 트레이더가 끼어들어 가로채기 전에 서둘러야 한다는 사실을 알고 있다. 프로의 목표는 시장을 지배하는 집단을 식별해 이 진영에 발맞춰 트레이딩하는 것이다. 훌륭한 기술적 분석가의 목표는 황소와 곰의 세력 균형을 식별해 승자 진영에 베팅하는 것이다. 예측에 집중하다 보면 선입견에 갇혀 시장의 현실을 보지 못하게 되므로 위험하다.

정답 2-3: C

신문이나 소식지를 읽고, 혹은 TV를 보거나 인터넷을 둘러보고 시장에 뛰어드는 건 계획 없는 충동 트레이딩이다. 당장 어떻게 해야 할지 모르겠다면 큰돈이든 작은 돈이든 투자할 이유가 없다. '미심쩍으면 한발 물러서라.' 이는 모든 트레이더에게 도움이 되는 규칙이다.

정답 2-4: B

트레이딩에서 수익이 나오는 원천은 오로지 하나뿐이다. 바로 다른 트레이더의 계좌다. 반대로 내가 날린 돈은 다른 트레이더의 주머니에 들어간다. 다른 사람들이 호시탐탐 내 주머니를 노리고 있으므로 방어적으로 트레이딩하라. 중개인과 거래소는 내가 승, 패, 무승부 어느 쪽에 있든 내 돈을 뜯어 간다.

정답 2-5: B(I , III)

인간은 집단 속에 합류하면 독립성을 잃어버리고 비판적인 사고도 완전히 사라진다. 무리의 충동적 행위 때문에 금융시장의 변동성이 커지는 것이다. 군중은 맹목적으로 추세를 추종하며 심리적으로 의존하기 때문에 막대한 손실을 입기 전까지는 좀처럼 무리를 떠나지 않는다.

정답 2-6: D(I , II, III, IV)

상황이 불확실할수록 사람들은 타인을 바라보며 확신과 위안을 얻으려 한다. 이는 인간 내면 깊숙이 배어 있는 본성이다. 지도자에 대한 충성심은 집단을 끈끈하게 뭉치게 만든다.

정답 2-7: A(I)

집단은 개인보다 크고 강하다. 그러므로 시장에 맞서 싸우면 안 된다. 군중은 강하지만 원초적이므로 군중의 반복되는 행동을 잘 활용하면 돈을 벌 수 있다. 단, 조건이 있다. 군중에게서 한 발짝 떨어져 있어야 한다. 군중은 시장이 추세를 보이는 동안에는 바른 길을 가지만 전환기에는 엉뚱한 길로 들어선다. 시장 때문에 일희일비하면 시장이 나를 지배하게 된다. 프로는 수익을 거머쥘 때나 손실을 볼 때나 감정적으로 대응하지 않도록 스스로를 단련한다.

정답 2-8: C

시장에 모인 눈들은 가격에서 떨어질 줄 모른다. 상승장이 오래 지속될수록 황소 진영으로 돌아서는 사람이 많아져 가격을 끌어올리고, 이로 인해 더 많은 황소가 유입된다. 하락장이 오래 지속될수록 약세로 돌아서는 사람이 많아져 이들이 매도하면 시장은 더욱 하락한다. 이처럼 가격이 추세를 이끈다. 거대한 시장을 며칠, 아니 단 몇 시간이라도 지배할 수 있을 정도로 '큰손'인 증권사는 없다. 시장과 지도자의 관계는 마치 개와 꼬리의 관계 같다. 개는 잠시 자기 꼬리를 물려고 뱅뱅 돌지만 얼마 못 가 그만둔다. 경제의 펀더멘털이 변하면 약세장 혹은 강세장의 여건이 조성된다. 매수하거나 매도함으로써 추세에 힘을 붙이는 것은 트레이더들이다.

정답 2-9: B(II, III)

가격은 황소와 곰의 전투를 통해 결정된다. 매수자가 확신을 갖고 비싼 값을 치르고, 매도자가 불리하게 돌아가는 게임에 참여하는 대가로 웃돈을 요구하면 가격은 오른다. 모든 거래 뒤에는 한 명의 매수자와 한 명의 매도자가 존재한다. 주식이나 선물의 매수, 매도 수는 원칙적으로 동일하다.

정답 2-10: D(I, II, III, IV)

추세가 하락하면 공매도 포지션 보유자는 돈을 벌고 더 낮은 가격에도 기꺼이 공매도해 포지션을 축적하려고 한다. 한편 손실을 본 황소는 시장에서 빠져나오려고 한다. 대기 매수자는 낮은 가격에만 매수하려고 하므로 시장가보다 낮춰 매수 주문을 낸다. 따라서 곰은 점점 더 낮은 가격에 공매도할 수밖에 없다. 상승 추세는 이와 반대로 진행된다.

정답 2-11: B(Ⅱ, Ⅲ)

가격 쇼크란 추세를 거스르는 갑작스러운 움직임을 의미한다. 가격 쇼크가 발생하면 시장을 장악한 집단은 두려움에 빠지고 반대 진영은 힘을 얻는다. 상승 추세가 진행되는 도중 갑자기 가격이 급락하면 황소들은 충격에 빠진다. 황소들이 가격을 신고점으로 끌어올리는 데 성공하더라도 확신이 흔들리면서 상승 추세는 십중팔구 반전된다.

정답 2-12: C

가격이 신고점에 도달하지만 지표가 고점을 낮추면 약세 다이버전스가 발생한다. 가격이 신저점으로 떨어지지만 지표가 저점을 높이면 강세 다이버전스가 발생한다. 상승 추세가 진행되는 도중에 약세 다이버전스가 발생하면 시장이 천장에 도달했다는 신호다. 하락 추세가 진행되는 도중에 강세 다이버전스가 발생하면 시장이 바닥을 찍었다는 신호다. 기술적 지표에서 다이버전스는 가장 유용한 패턴이다.

정답 2-13: B(Ⅰ, Ⅳ)

트레이더는 언제나 침착해야 하며 시장의 현실을 주시하고 현재의 추세를 식별해 추세에 발맞출 수 있어야 한다. 트레이더가 시장의 다음 행보를 정확하게 예측하려고 하면 자신의 예측에 집착하게 되어 태도를 바꾸기 힘들어진다. 시장이 예측을 따르지 않을 때 자신의 예측에 집착하는 트레이더는 손실을 보게 마련이다.

| 자가 진단 |

정답 수 0 ~ 4개: 낙제	시장의 군중에 대한 지식이 턱없이 부족하다. 시장의 군중이 내 행동에 어떤 영향을 미치는지 모른다면 휩쓸려 다니다 돈만 날리기 쉽다. 이 책의 관련 내용을 다시 읽고 며칠 뒤 다시 문제를 풀어본 후 다음 장으로 넘어가라.
정답 수 5 ~ 9개: 양호	집단 심리의 기본 개념은 잘 이해하고 있지만 황소와 곰의 균형, 트레이딩에 군중이 미치는 영향, 트레이딩 관리와 가격 예측의 차이 등에 대해 더 익혀야 한다. 이 책의 관련 내용을 다시 읽고 며칠 뒤 문제를 다시 풀어보라.
정답 수 10 ~ 13개: 우수	집단 심리의 핵심 개념을 잘 숙지하고 있다. 최근의 트레이딩을 이 원칙에 다시 비춰보고 시장이 미치는 영향을 계속 주시하라. 기술적 분석은 응용사회심리학이라는 사실을 명심하고 시장 분석에 관한 장으로 넘어가라.

| 추천 도서 |

찰스 맥케이 Charles Mackay 의 《군중의 미망과 광기 Extraordinary Popular Delusions and the Madness of Crowds》

정답 3-1: I=C; II=D; III=B; IV=A

아마추어는 대체로 퇴근한 뒤 정보를 수집해 아침에 트레이딩한다. 프로는 하루 동안의 상황 변화에 대응해 장 마감 시간에 시장을 지배한다. 황소들은 가격을 끌어올리는데, 하루의 고가는 황소들이 가진 역량의 최대치를 보여준다. 곰들은 가격을 끌어내리는데, 하루의 저가는 곰들이 가진 역량의 최대치를 나타낸다. 주간 차트와 일중 차트에도 동일한 원리가 적용된다.

정답 3-2: C(I , II , III)

애널리스트, 특히 직접 트레이딩하지 않는 애널리스트는 희망적인 관측을 쏟아놓는다. 기본적인 개념이 애매하면 혼란만 가중된다. 같은 시장이라도 시간 단위가 다르면 한쪽 차트는 상승세를, 한쪽 차트는 하락세를 보이는 경우가 흔하다. 훌륭한 애널리스트라도 시간 단위가 다른 차트를 보고 있다면 서로 다른 결론에 도달할 수 있으며, 세 사람 모두 수익을 낼 수 있다.

정답 3-3: C

변동성이 적으면 거래 범위가 좁고 체결오차도 적다. 이때가 진입하기 더 좋다. 수수료는 변동성과 상관없다.

정답 3-4: 4(A, B, C, D)

MDT가 상승과 하락 패턴을 보이고 있다. 주가가 직전 고점에서 하락하자마자 직전 고점에서 수평선을 그으면 저항 수준이 된다. 주가가 다시 상승하면 종종 저항 수준에서 속도를 늦춘다. 주가가 저항 수준을 돌파하면 대체로 다시 되돌림하고 저항 수준은 지지 수준이 된다.

정답 3-5: D(I , IV)

지지선은 저점, 저항선은 고점을 이어서 그린다. 시간이 지나 시장이 이들 수준에서 멀어지면 지지와 저항은 서로 역할을 바꾼다. 밀집 구간의 가장자리는 수많은 트레이더가 거래하고 포지션을 바꾼 영역이다. 극단적인 가격은 자금력이 가장 약한 시장 참여자들이 패닉에 빠져 물량을 턴 수준이다.

정답 3-6: D(I , II , III , IV)

트레이더들의 '기억' 때문에 지지와 저항이 존재한다. 기억이 강렬할수록 더 많이 매수하고 매도해 지지와 저항의 힘은 더욱 견고해진다. 지지 영역이나 저항 영역의 높이가 높을수록 트레이더들이 활발히 거래한다는 뜻, 즉 기억이 강렬하다는 뜻이다. 거래량이 많다는 것은 트레이더들이 재정과 감정을 많이 투입하고 있다는 증거다. 또한 가격이 밀집 구간에서 오래 머물수록, 가격이 밀집 구간을 여러 번 건드릴수록 트레이더들이 새로운 반전을 기대한다는 증거로 지지와 저항의 힘은 더욱 견고해진다.

정답 3-7: C(I , II , III)

공매도하기 전 신저점으로 하락할 때까지 기다리면 하향 돌파를 적절히 이용할 수 있다. 아마추어는 가짜 돌파에 속아서 빈털터리가 되지만 프로는 가짜 돌파를 유효적절하게 활용한다. 프로는 하향 돌파가 신저점을 기록하지 못할 때까지 기다렸다가 역매매(매수)하는데, 가장 최근의 저점 부근에 손실제한 주문을 설정한다. 전일 주가가 신저점을 기록했으므로 개장 후 공매도하면 추세를 따르는 것이지만 매수는 좋은 선택이 아니다.

정답 3-8: A=IV; B=I; C=III; D=II

밀집 구간 가장자리를 잇는 낮은 점선은 지지 수준이다. A 바에서 주가가 신저점을 기록하고 B 바에서 주가가 더 하락하면 하락 추세가 다시 시작될 수도 있다. 이 바들의 길이가 짧은 것은 강한 저항에 부딪쳤다는 의미다. C 바에서 밀집 구간으로 상승하면서 가짜 하락 돌파였음이 드러난다. C 바가 앞서 무너진 지지선을 상향 돌파하면 매수를 시작하되 최근 저점 부근에 손실제한을 설정하라. 마지막 바의 길이가 짧은 것은 상승세가 주춤하다는 의미이므로 손실제한을 좁히고 손익분기 수준으로 손실제한을 올리는 것을 고려하라.

정답 3-9: 추세=A, C; 박스권=B, D

주가가 추세를 보일 때는 계속 상승해 고점을 높이거나 계속 하락해 저점을 낮춘다. 박스권일 때는 상승 또는 하락이 비슷한 수준에서 멈춘다. 추세를 확인하면 추세 방향대로 진입해 포지션을 계속 보유하라. 박스권에서는 포지션을 너무 오래 보유하지 않도록 각별히 조심하라.

정답 3-10: I=G; II=A, B, F; III=C, D; IV=E

지지선과 저항선 부근에서의 주가 움직임을 보면 어느 정도 위력인지 알 수 있다. 주가가 상승하되 저항선을 건드리지 못하면 힘이 약한 것이다. 저항선을 뚫고 오르면 힘이 강한 것이다. 가짜 돌파는 기술적 분석에서 가장 강력한 신호에 속한다.

정답 3-11: C(Ⅰ, Ⅱ, Ⅲ)

추세는 친구다. 고점이 높아지고 저점이 높아지는 패턴을 발견하면 롱 포지션으로 시장에 진입하라. 손실제한으로 포지션을 방어하고 추세가 진행되는 데 따라 손실제한을 올려라. 반드시 평가수익을 방어한 후 포지션을 늘려라. 시장이 전저점을 이탈해 하락하면 상승 추세인지 불확실하므로 신중해야 한다.

정답 3-12: A

꼬리는 많은 시장 참여자가 고점이나 저점 수준을 거부할 때 나타난다. 시장은 참여자들이 거부한 가격 수준에서 벗어나려는 경향이 있으므로 꼬리 반대 방향으로 진입해야 한다. 일부 종목의 경우, 다른 종목에 비해 꼬리가 더 잘 생기는데, 보잉 차트에서는 세 개의 꼬리가 생긴 뒤 주가가 반전했다.

정답 3-13: D

캥거루 꼬리가 나타나면 시장의 움직임을 면밀히 관찰하다가 포지션 규모를 늘리거나 상승세나 하락세가 멈추면 차익을 실현해야 한다. 위험이 너무 커지므로 꼬리 끝 아래 손실제한을 설정하면 안 된다.

정답 수 0~4개: 낙제	차트에는 중요한 정보가 담겨 있다. 차트를 읽지 못하면 시장이 주는 메시지를 해독할 수 없으므로 천장에서 매수하거나 바닥에서 매도하는 엄청난 실수를 저지르게 된다. 이 책의 관련 내용을 읽고 틀린 문제를 복습한 뒤 다시 문제를 풀어보라. 반드시 이 과정을 밟기 바란다. 3부는 아주 중요하므로 절대로 건너뛰면 안 된다.
정답 수 5~9개: 양호	차트의 핵심 개념을 제대로 이해하고 있다. 하지만 이 정도로는 충분하지 않다. 컴퓨터를 활용한 기술적 분석에 주력한다면 충분하겠지만 차트를 이용해 트레이딩한다면 이 정도로는 부족하다. 진지하게 투자하고 트레이딩한다면 추세, 거래 범위, 지지, 저항, 지속, 반전 같은 핵심 개념을 숙지해야 한다. 이 책의 관련 내용을 다시 읽고 복습한 뒤 다시 문제를 풀어보라.
정답 수 10~13개: 우수	차트의 기본 개념을 숙지하고 있다. 이를 알면 황소 진영과 곰 진영의 세력 변화를 알 수 있다. 4부로 넘어가도 좋은 점수다.

| 추천 도서 |

로버트 에드워드 Robert D. Edwards와 존 매기 John Magee의 《주식 추세의 기술적 분석 Technical Analysis of Stock Trends》 (1948). (New York: New York Institute of Finance, 1992).

마틴 프링 Martin J. Pring의 《기술적 분석 Technical Analysis Explained》, 5th edition (New York: McGraw-Hill, 2013)

정답 4-1: A=(Ⅰ)

컴퓨터를 활용한 기술적 분석은 전통적인 차트 분석보다 객관적이다. 지지나 저항이 있느냐 없느냐에 대해서 의견이 갈릴 수 있지만, 지표의 방향이 상승이냐 하락이냐 횡보냐에 대해서는 이견의 여지가 없다. 훌륭한 기술적 분석은 미래를 예측하는 것이 아니라 황소와 곰 진영의 세력 균형을 식별한 후이기고 있는 세력에 베팅하는 것이다. 컴퓨터를 활용하더라도 주문을 내는 것은 인간이므로 감정을 배제할 수는 없다. 누군가 '확실한 물건'이니 사라고하면 조심하라.

정답 4-2: I=B; II=C; III=A

툴박스는 분석 도구와 차팅 도구를 모아둔 것이다. 능숙한 장인이 다루면 유용하지만 아마추어의 손에 들어가면 위험한 도구가 될 수 있다. 자동으로 트레이딩하는 블랙박스는 과거의 실적은 화려하지만 시장이 변하면 폐물이 된다. 그레이박스는 툴박스와 블랙박스의 중간이다.

정답 4-3: I=B; II=C; III=A

성격이 다른 지표를 결합해 각 지표의 장점은 유지하고 단점은 상쇄해야 한다. 삼중 스크린 매매 시스템을 다루면서 다시 이 주제를 논의하겠다.

정답 4-4: B

단순이동평균은 산출 기간 동안의 종가를 더한 다음 일수로 나누어 구한다. 과거 5일 동안의 종가를 더한 값이 110이므로 110을 5로 나누면 단순이동평균은 22다.

정답 4-5: A

지수이동평균은 단순이동평균보다 수기로 구하기 어렵다. 컴퓨터를 활용하면 둘 다 쉽게 구할 수 있다.

정답 4-6: D

지수이동평균이 상승하면 황소들이 패권을 쥔 것이므로 롱 포지션을 취해야 한다. 지수이동평균이 하락하면 곰들이 패권을 쥔 것이므로 숏 포지션을 취해야 한다. 지수이동평균이 신고점을 기록하면 황소들의 위력이 전보다 더 강력한 것이고, 신저점을 기록하면 곰들의 위력이 전보다 더 강력한 것이다. 지수이동평균이 신고점이나 신저점을 기록하느냐도 중요하지만 기울기의 방향이 더 중요하다. 산출 기간은 트레이더가 선택한다.

정답 4-7: 1=A, C; 2=B

지수이동평균이 상승하면 롱 포지션 관점에서만 트레이딩해야 한다. 지수이동평균 바로 아래 매수 주문을 내라. 지수이동평균이 하락하면 숏 포지션 관점에서만 트레이딩해야 한다. 지수이동평균 바로 위에 공매도 주문을 내라. 원한다면 언제든지 관망해도 좋다.

정답 4-8: 1=D, E, F, G; 2=A, B, I; 3=C, H, J

지수이동평균이 상승하다가 되돌림할 때가 매수 기회다. 지수이동평균이 하락하면 가격은 대체로 지수이동평균을 하회하는데, 가격이 지수이동평균으로 반등할 때가 공매도 기회다. 상승 추세와 하락 추세 사이의 추세 전환기에는 트레이딩하기 어렵다. 미심쩍으면 뚜렷한 추세가 나타날 때까지 관망하라.

정답 4-9: D(I , II , III, IV)

가격은 가치에 관한 일시적 합의이며, 이동평균은 가치에 대한 평균적 합의다. 단기 이동평균은 단기간에 걸친 합의를, 장기 이동평균은 장기간에 걸친 합의를 나타낸다. MACD선들은 이동평균으로 구성된다. 빠른 MACD선이 느린 MACD선보다 위에 있으면 황소들이 시장을 장악한 것이며, 빠른 MACD선이 느린 MACD선보다 아래 있으면 곰들이 시장을 장악한 것이다.

정답 4-10: C

MACD 히스토그램은 빠른 MACD선과 느린 MACD선의 차이를 추적한다. MACD 히스토그램의 기울기는 MACD 히스토그램의 마지막 바 두 개의 관계로 결정된다. 기울기가 상승하면 황소들이 시장을 장악한 것이고, 기울기가 하락하면 곰들이 시장을 장악한 것이다. 시장 주도 세력에 합세하는 편이 유리하다. 이는 예측이 아니라 시장을 읽고 군중이 움직이는 관성의 방향에 베팅하는 것이다.

정답 4-11: 1=D; 2=A; 3=B, E; 4=F; 5=C

MACD 히스토그램이 신고점에 도달하면 황소 진영의 세력이 강력하다는 의미로, 주가는 최근의 고점을 다시 건드리거나 이를 넘어설 확률이 높다. MACD 히스토그램이 신저점에 도달하면 곰 진영의 세력이 강력하다는 의미로, 주가는 최근의 저점을 다시 건드리거나 저점을 더 낮출 확률이 높다. 이후 MACD 히스토그램이 0선 위로 올라가거나 0선 아래로 떨어지면 시장을 장악한 집단의 기세가 꺾였다는 신호다.

강세 다이버전스는 강력한 매수 신호다. 가격이 신저점으로 떨어지지만 MACD 히스토그램이 저점을 높이면 강세 다이버전스가 발생한다. 약세 다이버전스는 강력한 매도 신호다. 가격이 신고점으로 상승하지만 MACD 히스토그램이 고점을 낮추면 약세 다이버전스가 발생한다.

정답 4-12: C

약세 다이버전스로 가격이 더 하락하지만 지수이동평균 아래로 떨어지지는 않는다. 한편 MACD 히스토그램은 0선 아래로 떨어지면서 곰들의 위력이 최대치에 이르렀음을 보여준다. 곰들이 최대치의 힘을 행사해 가격이 상승하면 차익을 실현하고 물러서서 관망해야 한다.

정답 4-13: C

일간 차트상 전일보다 위나 아래로 튀어나온 부분 중 더 길게 튀어나온 쪽이 오늘의 방향성 운동이다. 오늘의 바가 전일의 바 안에 포함되거나 튀어나온 길이가 같다면 방향성 운동은 0이다.

정답 4-14: I=B; II=A, C, E; III=D

방향성 지표(ADX)가 방향성 하단선 위로 올라오면 방향성 상단선의 방향대로 트레이딩하라. ADX가 두 방향성 선들 위로 상승한 뒤 하락하면 포지션을 청산하라. ADX가 두 방향성 선들 아래로 하락할 때도 청산하라. ADX가 +DI선, -DI선 아래 머무는 동안에는 추세추종 기법을 피하라.

정답 4-15: C

ADX가 +DI선, -DI선 위로 상승한 뒤 하락하면 강력한 방향성 움직임이 끝났다는 신호로, 변동성이 커질 것으로 보면 된다. 이런 시장에서도 트레이딩할 수는 있지만, 방향성 시스템 대신 단기 지표를 활용해야 한다.

정답 4-16: B

오실레이터는 지금 시장을 장악한 쪽이 황소인지, 곰인지 보여준다. 오실레이터의 천장과 바닥은 집단의 낙관주의와 비관주의가 극단에 이른 지점을 표시한다. 오실레이터가 과매수를 가리키면 시장의 천장, 과매도를 가리키면 시장의 바닥이다. 이 신호들은 박스권에서는 적중하지만 시장이 추세를 보이면 효력이 떨어진다. 어떤 지표도 천장과 바닥을 모두 포착하지는 못한다.

정답 4-17: D

오실레이터가 신고점에 도달하면 잠시 주춤할 수는 있지만 강세장이 지속된다는 신호다. 롱 포지션을 추가하거나 일부 차익을 실현해도 된다. 다만 이런 상황에서는 가격이 의미 있는 수준으로 떨어질 염려가 없으므로 공매도 신호는 무시한다.

정답 4-18: 1=A, C, I; 2=B, E, F; 3=E-F; 4=C-D, I-J; 5=D, G, H, J

스토캐스틱이 상단 기준선까지, 혹은 상단 기준선 위로 상승하면 과매수 상태다. 이는 매도 신호 혹은 적어도 매수를 피하라는 신호다. 스토캐스틱이 하단 기준선까지, 혹은 하단 기준선 아래로 하락하면 과매도 상태다. 이는 매수 신호 혹은 적어도 공매도를 피하라는 신호다.

시장이 움직일 때 스토캐스틱이 기준선에 도달하는 데 실패하면 페일러 스윙 failure swing이다. 상승 구간인 G에서 스토캐스틱이 상단 기준선에 도달하지 못하면 황소들의 역량이 약하다는 의미이므로 매도 신호다. 페일러 스윙 D와 J는 약세 다이버전스의 일부가 된다. 강세 다이버전스 E~F는 두 번째 저점이 첫 번째 저점보다 높지만 하단 기준선 아래 있으므로 페일러 스윙이 아니다.

정답 4-19: C

스토캐스틱이 중립 부근에 있지만 강력한 약세 다이버전스 이후 하락하고 있다. 스토캐스틱이 직전에 페일러 스윙과 약세 다이버전스를 보였다. 덧붙여 주가 차트에 위로 튀어나온 캥거루 꼬리가 있어 스토캐스틱의 약세 신호를 뒷받침하고 있다.

정답 4-20: 1=A, B, F; 2=D; 3=D-E; 4=B-C

RSI가 상단 기준선 위로 상승하면 과매수 상태다. 이는 매도 신호로 하락 추세나 횡보장에서는 공매도 신호이지만 상승 추세에서는 성급한 신호가 된다. RSI가 하단 기준선 아래로 하락하면 과매도 상태가 된다. 이는 매수 신호로 상승 추세나 횡보장에서는 매수 신호지만 하락 추세에서는 성급한 신호가 된다. 강세 다이버전스와 약세 다이버전스는 가장 강력한 매수, 매도 신호다. 이 차트에서 보이는 다이버전스는 모두 시장이 본격적으로 움직이기 전에 신호를 보낸다.

정답 4-21: B

RSI의 고점이 상단 기준선 위로 상승했다가 상단 기준선 아래로 하락하면서 뚜렷한 약세 다이버전스를 보인다. 지난 며칠 동안 주가가 살짝 하락하면서 몇 달 전 도달했던 고점에 미치지 못하면서 약세 메시지가 더욱 힘을 받는다. RSI 다이버전스로 가짜 상향 돌파가 확증되며 공매도 신호가 발효된다.

정답 4-22: A(Ⅰ, Ⅱ)

시장이 하락 추세를 보이고 있으며 오실레이터가 상단 기준선 위로 상승하면 단기 반짝 강세장으로 공매도 기회. 오실레이터가 하단 기준선 아래로 떨어지면 숏 포지션을 유지하거나 환매하라. 단, 하락 추세가 확고히 자리 잡았을 때는 어떤 경우에도 오실레이터를 활용해 롱 포지션을 취하지 마라. 저명한 펀드매니저 피터 린치^{Peter Lynch}는 이렇게 말했다. "바닥을 포착하려는 것은 떨어지는 칼을 쥐려는 것과 같다. 언제나 헛손질만 하게 된다."

정답 수 0 ~ 8개: 낙제	기술적 분석에 대한 이해가 부족하다. 지표 활용에 대한 핵심 개념은 반드시 익혀야 한다. 관련 내용을 다시 읽고 다시 문제를 푼 뒤 다음으로 넘어가라.
정답 수 9 ~ 15개: 양호	추세추종지표와 오실레이터가 보내는 신호를 이해해야 한다. 이 신호들을 통해 황소와 곰의 세력 균형 양상을 꿰뚫어 볼 수 있다. 컴퓨터를 활용한 기술적 분석을 잘 이해하고 있다. 정답을 많이 맞힌 분야는 어디인지, 오답이 많이 나온 분야는 어디인지 살펴라. 추세추종지표, 오실레이터 중 어느 쪽이 더 사용하기에 편한지, 신호를 발견하는 데 있어 추세 식별 신호가 쉬운지 반전 식별 신호가 쉬운지 점검하라. 추천 도서를 읽어보고 며칠 뒤 다시 문제를 풀어보라. 결과를 통해 어느 쪽이 자신에게 맞는지 살펴보라. 성공하는 트레이더는 몇 가지 매매 기법에 집중한다. 일부는 추세추종, 일부는 반전 포착을 선호한다. 트레이더여, 너 자신을 알라.
정답 수 16 ~ 22개: 우수	컴퓨터를 활용한 기술적 분석에 통달했다. 이 지표들은 검증된 트레이딩 시스템을 만드는 초석이 된다(제7부를 참고하라). 시스템을 구축하기 전에 이어지는 시장 분석에 활용할 수 있는 여러 지표들을 다시 검토해보라(제5부, 제6부를 참고하라)

| 추천 도서 |

존 머피 John J. Murphy 의 《선물시장의 기술적 분석 Technical Analysis of the Futures Markets》

(New York: New York Institute of Finance, 1999).

정답 5-1: A

트레이더 두 명, 즉 매수자와 매도자가 재정과 감정을 투입할 때 한 건의 거래가 성사된다. 어느 한쪽은 틀린 선택, 다른 한쪽은 바른 선택으로 귀결되는데, 거래량은 승자와 패자의 행위를 반영한다. 패자 진영이 공황 상태에 빠지면 거래량은 폭증한다. 거래량은 현재 행위를 반영하지만 미래를 예측하지는 못한다.

정답 5-2: 1=B; 2=A; 3=C; 4=D

거래량이 꾸준히, 또는 질서정연하게 상승하면 대체로 추세가 지속된다. 거래량이 폭증하거나 폭락하면 대체로 추세가 소멸한다. 패자들이 대거 시장을 떠나기 시작하면 추세가 지속될 수 없기 때문이다.

정답 5-3: 1=D; 2=A, B; 3=C, F; 4=E, G

거래량이 증가하거나 꾸준하면 견고한 추세다. 주가가 신고점으로 상승하거나 신저점으로 하락하는데 거래량이 감소하면 추세가 반전되거나 적어도 잠시 멈칫할 것이라는 신호일 확률이 높다.

정답 5-4: B

고점과 저점을 꾸준히 높이면서 폭발적인 상승세가 진행 중이다. 이후 거래량이 감소하면서 마지막 고점에서 서서히 하락한다. 이처럼 소폭 하락 움직임을 보일 때 하나 또는 몇 개의 바가 신저점에 도달하는데 실패할 때를 기다렸다가 매수하라.

정답 5-5: C(Ⅰ, Ⅱ, Ⅲ)

가격이 상승할 때는 누적 거래량에 그날의 거래량을 더해서, 가격이 하락할 때는 누적 거래량에 그날의 거래량을 차감해서 OBV를 구한다. OBV가 전고점보다 고점을 높이면 강세장을 확증하며, OBV가 전저점보다 저점을 낮추면 약세장을 확증한다. 가격은 가치에 대한 합의를 반영하고, OBV로 측정한 거래량은 트레이더의 심리를 추적한다.

정답 5-6: 1=D; 2=C; 3=B; 4=A

시가와 종가는 하루 중 가장 중요한 가격이다. 시가는 아침이면 장으로 몰려와 주문하는 아마추어들에 의해 결정된다. 종가는 하루 종일 상황을 지켜보다 장에 들어오는 프로들에 의해 결정된다. 매집/분산 지표는 시가와 종가의 관계를 거래량과 함께 나타낸 지표다.

정답 5-7: B

파생시장의 롱 포지션 수와 숏 포지션 수는 언제나 동일하다. 주식은 현재 해당 기업을 소유하고 있다는 표시이지만 파생은 미래에 인도한다는 계약이다. 하나의 계약에는 매도자와 매수자가 있다. 따라서 미결제약정은 특정일, 특정 시장의 숏 계약 수 또는 롱 계약 수를 나타내며, 롱 포지션 또는 숏 포지션의 총합과 같다.

정답 5-8: 1=B; 2=C; 3=C; 4=A

미결제약정은 새로운 매수자와 새로운 매도자가 시장에 들어와 새로운 계약이 형성될 때만 증가한다. 롱 포지션을 취하고 있던 트레이더가 숏 포지션을 환매하려는 트레이더에게 매도하면 둘 다 포지션을 청산하게 되므로 미결제약정은 감소한다. 롱 포지션을 취하려는 황소가 롱 포지션을 청산하려는 트레이더로부터 매수하면 미결제약정은 변하지 않는다. 숏 포지션을 취하려는 곰이 숏 포지션을 청산하기 위해 환매하려는 트레이더에게 공매도해도 역시 미결제약정은 변하지 않는다.

정답 5-9: D(1, 2, 3, 4)

미결제약정이 증가한다는 것은 황소와 곰 양 진영이 서로 확신을 가지고 팽팽히 맞서고 있다는 의미다. 어느 한쪽은 패하기 마련이지만 새로운 패자들이 계속 유입되는 한 추세는 지속된다.

정답 5-10: C(1, 2, 3)

주가가 움직이는 방향은 패권을 쥔 집단이 상승에 베팅하는지, 하락에 베팅하는지를 보여준다. 오늘 종가와 전일 종가의 차이는 황소 또는 곰이 어느 정도로 승리했는지를 반영한다. 높은 거래량을 동반하며 상승하거나 하락하면 위력이 강해 추세가 지속될 확률이 높다. 관련 시장도 중요하지만 움직임의 위력을 반영하지는 않는다.

정답 5-11: D

강도지수는 주가가 움직인 방향과 변화 범위, 해당일의 거래량 세 가지 핵심 요소로 결정된다. 일일 강도지수를 산출하려면 오늘 종가에서 전일 종가를 뺀 다음(양수 또는 음수) 오늘 거래량을 곱하면 된다.

정답 5-12: D(Ⅰ, Ⅱ, Ⅲ, Ⅳ)

강도지수를 이동평균으로 평활화하면 추세를 식별하는 데 유용하다. 단기 추세는 단기 지수이동평균, 중기 추세는 장기 지수이동평균을 활용한다. 추세가 상승하고 강도지수의 2일 지수이동평균이 음수로 전환되면 매수 신호다. 추세가 하락하고 강도지수의 2일 지수이동평균이 양수로 전환되면 공매도 신호다. 강도지수의 13일 지수이동평균이 0선 위인지 아래인지를 통해 강세 구역과 약세 구역을 식별할 수 있다. 강도지수와 주가 사이에 다이버전스가 발생하면 중요한 추세 반전을 예고한다.

정답 5-13: 1=G, H; 2=F; 3=A, B, C, D; 4=E

차트를 반으로 나눠 볼 때 왼쪽은 하락 추세로, 지수이동평균이 하락하면서 추세가 확증된다. 강도지수의 2일 지수이동평균이 0선 위로 올라올 때마다 황소들이 잠깐 기운을 회복하는데 이때가 공매도 기회다. E에서 주가는 신저점으로 하락하지만 다시 반등해 가짜 하향 돌파임이 드러난다. 강도지수는 저점을 대폭 높이면서 강세 다이버전스를 보인다. 숏 포지션을 환매할 수 있는 적기다. F에서 주가 지수이동평균이 상승하며 공매도를 중단하고 매수 기회를 살피라는 신호를 보낸다. 이후 G, H에서 강도지수가 0선 아래로 하락하며 매수 신호를 보낸다.

정답 5-14: B

오른쪽 끝에서 주가 이동평균이 상승하며 상승 추세를 반영한다. 2일 강도 지수가 0선 아래로 하락해 단기 과매도 상태를 반영하며 매수 신호를 보낸다. 이런 신호가 나타나면 크게 두 가지 행동을 취할 수 있다. 상향 돌파를 노려 현재 바의 고점에서 매수 주문을 내거나 아니면 지수이동평균의 평균 하향 돌파값을 구해 현재 지수이동평균보다 평균 돌파값만큼 아래 매수 주문을 내라.

정답 5-15: 1=C; 2=A, D; 3=B

13바 지수이동평균으로 평활화한 장기 강도지수는 추세 반전을 포착하는 데 유용하다. 강도지수가 0선 위로 상승하면 강세, 0선 아래로 하락하면 약세다. 0선 조금 위와 아래 수평선을 그어 강세선과 약세선을 만들 수 있다. 0선 대신 이 선이 교차할 때를 기다리면 속임수 신호는 줄어들지만 좋은 신호가 늦어지므로 이 트레이딩에서 얻은 것을 다른 트레이딩에서 날릴 수 있다. B에서 강도지수가 고점을 낮추면서 황소들의 위력이 약해지고 있음을 보여준다. 임박한 추세 반전에 대비해야 한다.

정답 5-16: B

강도지수가 양수이므로 강세, 상승 추세다. 지수이동평균이 상승하면서 추세를 확증한다. 이 조합이라면 롱 포지션 관점에서 트레이딩하라. 지수이동평균으로 되돌림할 때를 활용해 매수해야 한다.

`정답` 5-17: C(1, 2, 3)

트레이더의 탐욕과 공포에 의해 가격 사이클이 생길 뿐 아니라 날씨, 계절에 따른 수요와 공급의 변화 같은 생산의 펀더멘털 요소에 의해서도 가격 사이클이 생성된다.

`정답` 5-18: 1=D; 2=A, E; 3=B, F; 4=C, G

지표의 기울기, 그리고 중간선을 기준으로 위에 위치하느냐, 아래 위치하느냐에 따라 지표의 계절이 결정된다. 지표가 중간선 아래에서 상승하면 봄이고, 중간선 위에서 상승하면 여름이다. 지표가 하락하되 중간선 위에 있으면 가을이며, 중간선 아래에서 하락하면 겨울이다. 봄은 롱 포지션으로 진입하기 가장 좋은 계절이며, 가을은 공매도하기에 가장 좋은 계절이다. 자연과 마찬가지로 시장에도 이상기후가 찾아온다. 겨울이지만 B와 C 사이에서 한동안 따뜻한 날씨가 계속된다.

`정답` 5-19: A

시장의 시간 단위는 더 큰 시간 단위, 더 작은 시간 단위와 연계되는데 '5'라는 공통 인수를 갖고 있다. 두 가지 시간 단위로 시장을 분석한다면 단기 단위는 장기 단위보다 약 다섯 배 짧아야 한다. 선호하는 시간 단위가 1일이라면 먼저 주간 차트부터 살펴야 한다.

정답 수 0 ~ 7개: 낙제	거래량과 시간에 대해 더 익혀야 한다. 시장의 핵심 요소들을 숙지하면 다른 트레이더들보다 우위에 설 수 있다. 관련 내용을 다시 읽어보고 다시 문제를 푼 뒤 다음 장으로 넘어가라.
정답 수 8 ~ 14개: 양호	대다수 트레이더가 간과하는 기본 개념인 거래량과 시간을 잘 파악하고 있다. 기본 개념을 이해하지 못하면 위험을 자초하게 된다. 채점하면서 자신이 시간, 거래량, 미결제약정 중 어느 분야에 취약한지 살펴보라. 관련 내용을 복습하고 며칠 뒤 다시 문제를 풀어보라.
정답 수 15 ~ 19개: 우수	대부분의 트레이더가 놓치는 개념을 잘 파악하고 있다. 시간, 거래량, 미결제약정에 대해 숙지하면 한 차원 깊이 시장의 움직임을 분석할 수 있다.

| 추천 도서 |

디 벨빌 L. Dee Belveal 의 《상품시장 가격 움직임의 차팅 Charting Commodity Market Price Behavior》(1969) (Homewood, IL: Business One Irwin, 1985)

정답 6-1: C(1, 2, 3, 4)

신고점 종목은 지난 1년 동안의 신고점에 도달한 종목이며, 신저점 종목은 지난 1년 동안의 신저점에 도달한 종목이다. 신고점 종목은 강세를 이끄는 주도주, 신저점 종목은 약세를 이끄는 주도주다. 신고점/신저점 지수는 주식 시장의 선행 지표로, 거래소에서 가장 강세를 보인 종목 수와 가장 약세를 보인 종목 수의 차이를 측정한다.

정답 6-2: 1=D; 2=C; 3=A; 4=B

시장이 상승하고 신고점/신저점 지수가 신고점으로 상승하면 강세 주도주들이 힘을 모으고 있다는 의미다. 이럴 때는 주도 세력을 따라 롱 포지션으로 진입해야 한다. 시장이 하락하고 신고점/신저점 지수가 신저점으로 하락하면 약세 주도주들이 힘을 모으고 있다고 보고 숏 포지션으로 진입해야 한다. 가격은 상승하지만 신고점/신저점 지수가 고점을 낮추면 상승 추세를 주도하던 주도주들이 힘을 잃은 것으로, 상승 추세가 위태하다는 신호다. 가격이 하락하지만 신고점/신저점 지수가 저점을 높이면 하락 추세를 주도하던 주도주들이 힘을 잃은 것으로, 하락 추세가 위태하다는 신호이며 바닥이 임박했다고 보면 된다.

신고점/신저점 지수는 시장 주도주의 수를 추적하는 주식시장의 선행지표다. 이 지수가 양수이면 강세 구역으로, 속임수 신호를 줄이고 싶다면 +100 수준 위로 잡으면 된다. 이 지수가 음수이면 약세 구역으로, 속임수 신호를 줄이고 싶다면 -100 수준 아래로 잡으면 된다.

다이버전스가 발생하면 현재 추세를 주도하는 세력의 힘이 빠지고 있는 것이다. D에서는 S&P500과 신고점/신저점 지수가 모두 신고점으로 상승하지만 E에서는 S&P만 신고점을 기록한다. 이처럼 신고점/신저점 지수가 약세 다이버전스를 보이면 매도 신호다. G에서는 S&P500과 신고점/신저점 지수 모두 신저점으로 떨어지지만 H에서는 S&P500만 저점을 낮추고 신고점/신저점 지수는 바닥을 높인다. 이처럼 신고점/신저점 지수가 강세 다이버전스를 보이면 매수 신호다.

지수이동평균이 상승하고 신고점/신저점 지수가 양수이므로 황소가 패권을 쥐고 있다. 신고점/신저점 지수가 막 신고점으로 상승하면서 강세 주도주가 더욱 강해지고 있다. 가격이 이미 가치보다 상승했지만 여전히 가치 부근에 있어 롱 포지션으로 진입하는 게 현실적인 선택이다.

등락주선은 상승과 하락에 군중이 어느 정도 참여하고 있는지를 측정하는 지표다. 등락주선이 신고점으로 상승하면 주식시장의 상승세가 지속될 확률이 높고, 등락주선이 신저점으로 하락하면 주식시장의 하락세가 지속될 확률이 높다. 등락주선의 절대적 수준은 산출 시작 시점인 기산일에 의해 결정되므로 트레이더는 등락주선의 절대 수준보다는 등락주선의 고점과 저점을 주시해야 한다. 등락주선은 가격 변동만 추적하며 거래량은 추적하지 않는다.

정답 6-6: B(1, 3)

상승 추세가 트레이더들을 끌어들이면 중요 고점 부근에서 자본이 적은 신참들이 떼를 지어 시장에 들어온다. 이들 중 많은 이가 최악의 시기에 포지션 규모를 두 배로 늘린다. 험프리 B. 닐 Humphrey B. Neill이 말했듯 "모두가 똑같이 생각하면 모두가 틀렸을 확률이 높다." 강세 합의 지표가 신고점에 도달하면 현명한 트레이더는 롱 포지션의 차익을 실현하고 공매도 기회를 살핀다. 강세 합의 지표가 신고점에 도달했다는 것은 황소가 이미 충분히 주식을 사서 강세장을 떠받칠 만한 새로운 매수자가 더 이상 없다는 것을 의미한다.

정답 6-7: A

선물을 포함해 파생시장은 구조상 롱 계약 수와 숏 계약 수가 항상 동일하다. 시장 참여자의 75퍼센트가 매수세라면 곰보다 황소가 세 배 많은 것이다. 이 경우, 공매도한 곰 1인의 평균 계약 수는 매수한 황소 1인의 평균 계약 수보다 세 배 많다. 따라서 큰손들은 곰 진영에 있다고 보면 된다. 큰손이 괜히 큰손이라고 불리는 게 아니므로 수는 적지만 돈이 많은 쪽에 베팅해야 한다. 강세 합의가 75퍼센트로 상승하면 매도를 시작하고 공매도 기회를 살펴라.

정답 6-8: D

선물시장에서 숏 계약 수와 롱 계약 수는 항상 동일하다. 참여자들이 대부분 곰 진영에 포진해 있다면 수가 적은 황소 진영의 트레이더 1인당 계약 수가 더 많은 것이다. 강세 합의 지표가 20퍼센트라면 황소 1인당 곰 4인이 있고, 황소 1인은 곰 1인보다 평균 네 배 많은 계약 수를 보유하고 있는 셈이다. 큰 손들이 황소 진영에 있으므로 급상승에 대비하라.

정답 6-9: B

대중이 강세장에 주목하고 있다면 추세가 무르익을 대로 무르익고 반전이 임박했다는 신호다. 시장은 천장에서 종종 변동성이 아주 커지므로 풋 매수가 가장 안전한 트레이딩 전략이다. 지금 커피를 매수하는 것은 더 멍청한 사람이 더 비싸게 산다는 이론을 입증하는 것이다. 다른 시장은 그 시장의 가치대로 평가해야 한다.

정답 6-10: 1=C; 2=A; 3=D; 4=B

포지션 규모가 보고 수준에 이르면 정부에 보고된다. 보고 수준은 시장별로 다르다. 포지션 한도는 투자자가 시장에서 보유할 수 있는 최대 계약 수다. 헤저는 포지션 한도가 없다. 선물시장에서는 다양한 내부정보를 이용해 트레이딩하는 일이 합법인데, 많은 트레이더가 이 사실에 충격을 받는다.

정답 6-11: 1=D; 2=A; 3=B; 4=C

기업은 일상적인 경영의 일환으로 상품을 다루고 재고 위험을 헤징하기 위해 선물을 활용한다. 대자본 투기자는 포지션 규모가 보고 수준에 도달하거나 넘어선 사람들이다. 미결제약정에서 기업과 대자본 투기자를 빼면 소자본 트레이더가 보유한 계약 수를 알 수 있다. 소자본 트레이더는 종종 시장 추세의 반대편에 자리한다. 기업 내부자는 상장기업의 임원들로 회사 주식의 5퍼센트 이상을 보유한 사람들이다.

정답 6-12: D

기업 내부자들이 매수하면 상승장을 예고하는 강력한 신호이지만 행동에 나서기에 앞서 주가 움직임을 확인해야 한다. 11개월째라면 약세장이 오래 지속된 편이다. 누구도 강세장이 왔다고 종을 쳐서 알려주지 않는다. 투자자라면 선정한 종목을 서서히 사 모으기 시작해야 한다.

정답 수 0 ~ 4개: 낙제	주식 거래에 관심이 없다면 신고점/신저점 지수는 건너뛰어도 된다. 하지만 주식 또는 주식지수 선물이나 옵션을 트레이딩할 생각이라면 주식시장 최고의 선행지표를 활용하는 방법을 익혀야 한다. 군중심리 지표를 알면 시장을 움직이는 힘을 통찰할 수 있으므로 반드시 지표의 작동 원리를 이해해야 한다.
정답 수 5 ~ 8개: 양호	시장 군중의 행동을 측정하는 지표들을 잘 이해하고 있다. 대강의 개념을 이해하고자 한다면 이 정도로도 충분하다. 그러나 이 지표들을 활용해 트레이딩할 계획이라면 관련 내용을 다시 읽은 다음 틀린 문제의 해답을 찾아보고 며칠 뒤 다시 문제를 풀어보라.
정답 수 9 ~ 12개: 우수	주식시장의 핵심 지표들을 잘 이해하고 있다. 이 지표들은 시장의 천장이나 바닥을 식별하는 데 유용하다. 이 지표들과 컴퓨터를 활용한 지표(제4부를 참고하라)를 활용하면 진입과 청산을 미세하게 조정할 수 있다.

| 추천 도서 |

알렉산더 엘더[Alexander Elder]와 케리 로본[Kerry Lovvorn]의 《신고점/신저점 지수[The New High-New Low Index]》(Alabama: Spike Trade, 2012)

험프리 B. 닐[Humphrey B. Neill]의 《역발상의 기술[The Art of Contrary Thinking]》(Caldwell, ID: Caxton Printers, 1985)

정답 7-1: C(Ⅰ, Ⅱ, Ⅲ, Ⅳ)

서로 다른 시간 단위로 보면 추세가 동시에 다른 방향을 가리킬 수도 있다. 예를 들어, 일간 차트는 상승 추세이지만 주간 차트는 하락 추세일 수도 있고, 일간 차트는 하락 추세이지만 주간 차트는 상승 추세일 수도 있다. 추세추종 지표는 매수 신호를 내지만 오실레이터는 매도 신호를 낼 수도 있고, 추세추 종지표는 매도 신호를 내지만 오실레이터는 매수 신호를 낼 수도 있다. 삼중 스크린 매매 시스템은 이처럼 상반된 지표들을 처리하기 위해 고안됐다.

정답 7-2: B

삼중 스크린 매매 시스템에서 가장 먼저 살펴야 할 것은 매매할 때 참고하는 차트보다 한 단위 긴 시간 단위의 차트에서 추세를 식별하는 것이다. 먼저 주 간 차트에서 추세를 확인하고, 이 추세의 방향대로 일간 차트에서 진입 시점 을 찾아라. 일간 차트를 먼저 분석하고 나중에 주간 차트를 살피면 일간 차트 에서 본 것으로 인해 편견에 빠지기 쉽다. 일간 차트와 월간 차트를 결합시키 면 시간 단위가 서로 너무 멀다. 두 차트의 거리는 다섯 배가 적당하다. 주간 바 하나에는 일간 바 다섯 개의 데이터가 들어 있다.

정답 7-3: C

시스템을 검증하려면 꾸준히 기록해야 한다. 데이터 파일의 처음부터 시작해한 번에 하루씩 나아가면서 신호와 계획한 행동을 기록해 나간다. 신호를 보고 점차 평가수익과 손실을 실현하면 실제 돈을 걸지 않고도 실제 트레이딩과 흡사하게 테스트할 수 있다. 결과가 마음에 들면 시스템으로 실제 계좌를 운용하되 포지션 규모는 적게 잡는다. 실제 시장에서 시스템이 어떻게 작동하는지 배우는 데 주력하고, 이후 점차 포지션 규모를 늘려 나가라. 다른 사람은 이 시스템을 어떻게 활용하는지 정확히 알 수 없으므로 자신이 얻은 결과가 아닌 타인의 의견은 큰 의미가 없다.

정답 7-4: B

진입, 목표, 손실제한은 모든 트레이딩에서 반드시 있어야 할 숫자이므로 진입 전에 수치를 기록한다. 이 숫자들이 트레이딩의 틀을 결정한다. 이 숫자들이 있어야 위험과 보상을 비교할 수 있고, 어느 정도 규모로 트레이딩할지 결정할 수 있다. 이 숫자가 없는 트레이딩은 트레이딩이 아니라 도박이다. 오픈 포지션의 수익을 세면 트레이딩을 운용하는 데 집중할 수 없다.

정답 7-5: B

추세 방향을 활용하는 트레이더에게는 매수, 매도, 관망 세 가지 선택지가 있다. 삼중 스크린 매매 시스템의 첫 번째 스크린은 이들 중 하나를 지우는 센서 역할을 한다. 장기 시간 단위의 방향대로만 트레이딩하든지 관망하라.

정답 7-6: C

삼중 스크린 매매 시스템의 첫 번째 스크린이 상승 추세라면 단기 오실레이터가 하락하는 시점을 매수 기회로 삼아라. 첫 번째 스크린이 하락 추세라면 단기 오실레이터가 상승하는 시점을 공매도 기회로 삼아라. 이렇게 하면 상승 추세와 하락 추세에서 추격 매수나 추격 매도를 피할 수 있다. 여기서는 단기 오실레이터가 이미 과매수 상태다. 롱 포지션에 진입하려면 우선 오실레이터가 하락할 때까지 기다려야 한다.

정답 7-7: B

주간 차트가 상승 추세이지만 일간 차트가 하락 추세면 삼중 스크린 매매 시스템은 매수 신호를 보낸다. 선택할 수 있는 한 가지 대응책은 마지막 거래일의 고점 위에 역지정가 매수 주문을 설정해 단기 상향 돌파에 편승하는 것이다.

정답 7-8: C

주간 차트에서 BBBY가 상승 추세를 보이고 지수이동평균과 MACD 히스토그램이 상승하면서 상승 추세를 확증한다. 주간 차트가 상승 추세라면 전략적으로 일간 차트에서 매수 기회를 찾아야 한다. 일간 차트에서 지수이동평균으로 되돌림하고 강도지수가 0선 아래 머물면서 과매도 상태임을 알린다. 삼중 스크린에 따르면 주간 차트가 상승하던 중 일간 차트에서 되돌림이 발생하면 매수 기회다. 일간 차트에서 가장 최근의 고점 위에 매수 주문을 내라. 주간 차트와 일간 차트의 추세가 상충되는 것은 시장에서 흔히 벌어지는 일인데, 삼중 스크린의 목적은 이처럼 상충되는 상황을 이용해 수익을 얻는 것이다.

정답 7-9: 1=C; 2=A; 3=B; 4=C

주간 차트가 상승 추세, 일간 차트가 하락 추세면 일간 차트의 하락세를 매수 기회로 삼아라. 주간 추세가 하락, 일간 추세가 상승이면 일간 차트의 상승세를 공매도 진입의 기회로 삼아라. 주간 차트와 일간 차트가 같은 방향일 때 진입을 시도하는 것은 달리는 기차에 올라타려는 것과 같다. 올라탈 수는 있지만 되돌림을 기다리는 편이 더 안전하다.

정답 7-10: A

빠른 지수이동평균의 기울기는 시장의 관성을 추적하며 MACD 히스토그램의 기울기는 시장의 힘이 어느 방향으로 움직이는지 나타낸다. 임펄스 시스템의 주된 역할은 매수 또는 매도 시점을 알려주는 것이 아니다. 임펄스 시스템의 주된 역할은 매수 또는 공매도하지 말아야 할 시점을 알려주는 것이다. 다시 말해 임펄스 시스템은 검열 시스템으로, 임펄스 시스템이 적색이면 매수가 금지된다. 색이 약세를 의미하는 적색에서 중립인 청색이나 강세를 의미하는 녹색으로 바뀌면 금지가 풀린다.

정답 7-11: 1=A; 2=C; 3=B; 4=C

임펄스 시스템의 색은 지수이동평균과 MACD 히스토그램으로 결정된다. 두 지표가 모두 상승하면 임펄스는 녹색(강세)으로 변하며 공매도가 금지된다. 두 지표가 모두 하락하면 임펄스는 적색(약세)으로 변하며 매수가 금지된다. 두 지표가 상충하면 임펄스는 청색(중립)으로 변한다.

정답 7-12: 1=E, H; 2=A, C; 3=B, D, F, G, I

임펄스 시스템은 검열 시스템이다. 지수이동평균과 MACD 히스토그램이 모두 하락 전환하면 바는 적색으로 바뀌며 매수가 금지된다. 두 지표가 모두 상승 전환하면 바는 녹색으로 바뀌며 공매도가 금지된다.

임펄스 시스템을 자동 매매 기법으로 사용하면 안 된다. 임펄스 시스템은 모든 추세를 잡아내지만 자동 매매한다면, 예를 들어 C와 G 사이처럼 속임수 신호에 걸려들기 일쑤다. 적색이나 녹색이 사라질 때 최상의 신호가 켜진다. 예를 들어, G 바에서 적색이 사라지면서 이중 바닥이 완성되고 매수를 권유한다. I 바에서 녹색이 사라지면서 강력한 상승 추세의 종말을 고하고 차익 실현을 권유한다.

정답 7-13: A

차트 오른쪽 끝에서 지수이동평균과 MACD 히스토그램이 모두 상승하므로 임펄스 시스템의 바는 녹색일 것이다. 두 지표가 모두 하락했다면 바는 적색, 서로 반대 방향이라면 바는 청색일 것이다. 바의 색을 나타낼 수 없는 소프트웨어를 사용하고 있다면 차트 오른쪽 끝에서 임펄스 시스템의 색을 구별할 때 이 점을 명심해야 한다.

정답 7-14: C

채널을 구축하는데 비밀스러운 기법이 있는 것은 아니다. 지난 50~100개 바 중 극단적인 고점과 저점을 제외하고 대다수 가격이 포함될 때까지 계속 너비를 조정하라. 채널이 제대로 구축되었다면 채널 밖으로 튀어나온 가격은 지속될 수 없는 낙관주의나 비관주의를 보여주는 구간으로, 이 구간에서 시장이 반전될 확률이 높다. 시장이 채널 밖에 오래 머무는 일은 드물다는 점을 명심하라. 이런 경우는 예외적이므로 규칙은 더 탄탄해진다.

정답 7-15: 1=C; 2=A; 3=D; 4=B

이동평균은 가치에 대한 평균적 합의를 반영한다. 채널을 보면 정상적인 가격 움직임과 비정상적인 가격 움직임의 경계를 알 수 있다. 가격이 하단 채널선 아래로 하락하면 시장이 저평가되어 있는 것이며, 가격이 상단 채널선 위로 상승하면 시장이 고평가되어 있다고 해석할 수 있다. 채널 안에 지난 50~100개 바 동안 가격 움직임의 90~95퍼센트가 포함되도록 채널 계수를 계속 조정해야 한다.

정답 7-16: A

채널의 기울기는 중요한 정보를 전달한다. 채널이 상승하면 강세장이고, 채널이 하락하면 약세장이며, 채널이 수평을 그리면 횡보장이다. 채널의 방향대로 돌파가 일어나면 추세가 강력하다고 보면 되는데, 잠시 이동평균으로 되돌림이 일어나면 추세 방향대로 매매할 절호의 기회다. 수평으로 누운 채널의 상하단 사이에서 등락을 거듭할 때 역시 절호의 매매 기회다. 그렇지만 이동평균을 기준으로 매매한다고 해서 늘 수익이 발생하는 것은 아니다. 채널이 기울기를 보일 때는 적중하지만 채널이 수평일 때는 들어맞지 않는다.

정답 수 0 ~ 6개: 낙제	트레이딩 시스템을 이해하지 못한 채 트레이딩에 나서는 것은 매우 위험한 행동이다. 시스템 없이 매매하는 것은 방향타 없이 항해하는 것이나 마찬가지로 무모하다. 며칠 동안 이 책의 관련 내용을 다시 읽고 다시 문제를 푼 뒤 다음으로 넘어가라.
정답 수 7 ~ 11개: 양호	기본 개념은 제대로 파악하고 있지만, 트레이딩 시스템을 자유자재로 다루기에는 아직 부족하다. 시스템에 통달해야 시장에서 생존하고 성공할 수 있다. 틀린 문제를 다시 보고 어떤 부분에 취약한지 살펴보라. 관련 내용을 다시 읽고 문제를 다시 풀어보라.
정답 수 12 ~ 16개: 우수	트레이딩 시스템의 핵심을 숙지하고 있다. 틀린 문제를 검토해보라. 단순히 실수로 틀린 건지, 아니면 본인의 트레이딩 스타일 때문에 틀린 건지 살펴보라. 성공하는 트레이더는 창조적이며 의견이 다를 수도 있다. 그런 다음 아주 중요한 주제인 트레이딩 대상 선택하기로 넘어가라.

| 추천 도서 |

페리 카우프만^{Perry Kaufman}의 《트레이딩 시스템과 매매 방법 Trading Systems and Methods》 (Hoboken, NJ: John Wiley & Sons, 2013)

정답 8-1: C

유동성과 거래량이 높은 트레이딩 대상은 체결오차가 적다. 변동성이 크고 빨리 움직이는 대상은 기회가 많다. 시장이 움직일 때 깨어 있어야 하므로 거래 시간이 거주지의 표준시간대와 비슷한 시장에 집중하라. 인기는 핵심 요소가 아니다. 유동성과 변동성만 좋다면 인기 없는 시장에서도 최상의 기회를 포착할 수 있다.

정답 8-2: D

채권은 융자이며, 주식은 회사를 소유하는 것이다. 내부자가 되려면 아주 많은 주식을 매수해야 한다. 미국에서는 의무 보고 목적으로 기업 내부자를 기업 임원, 중역, 주식의 10퍼센트 이상 보유한 사람으로 정의한다. 회사가 돈을 벌면 주가가 오른다는 생각은 잘못된 통념으로 위험한 발상이다. 분기 1억 달러의 수익을 거둘 것으로 예상하고 있던 회사가 7000만 달러의 수익을 거뒀다고 보고하면 수익 발표 시 실망한 주주들 때문에 주가가 타격을 입기도 한다.

정답 8-3: D

워런 버핏은 주식을 사면 조울증 환자인 '미스터 마켓'의 파트너가 되는 셈이라고 말했다. 미스터 마켓은 매일 내 주식을 사려고 하거나 내게 주식을 팔려고 한다. 가끔 우울증이 심해져서 싼값에 자기 주식을 내놓기도 하는데 이때 주식을 사야 한다. 어떨 때는 조증이 심해져서 터무니없이 비싼 값에 주식을 사겠다고 하는데 이때 주식을 팔아야 한다. 요컨대 쌀 때 사서 비싸게 팔아야 한다.

정답 8-4: A

특정 업종이나 국가의 주식, 상품, 채권 등 다양한 자산군과 관련된 ETF가 있다. 아주 다양한 ETF가 있으므로 선택 범위가 넓지만, 경상비 때문에 실적이 뒤처지기 쉽다. 경상비는 장기 실적을 좌우하는 핵심 요소 중 하나다. 많은 경우 ETF 가격은 추적하는 기초자산의 가격에서 크게 벗어난다.

정답 8-5: I =B; II =D; III =A; IV =C

콜은 주가 상승, 풋은 주가 하락에 베팅한다. 38달러에 거래되는 주식을 40달러에 콜 매수하면 외가격 콜이다. 이 가격은 주가가 40달러보다 더 오르리라는 희망을 의미한다. 만약 주가가 40달러 이상 오르면 콜은 내가격이 된다.

정답 8-6: C

옵션은 만기일이 가까워질수록 가치를 상실하며, 주가가 옵션 행사가격에 가까워지면 가치가 상승한다. 변동성이 큰 주식은 변동성이 적은 주식보다 가격이 더 많이 움직이므로 변동성이 큰 주식의 옵션이 더 비싼 경향이 있다. 해당 업종의 주가를 어느 정도 밀접하게 추종하는지는 옵션 가격을 결정하는 요소가 아니다.

정답 8-7: I=A, D; II=B, C; III=C, D

콜을 매수한 사람은 기초자산인 주식의 가격이 오를 때만 수익을 취한다. 주가가 떨어지거나 변동이 없으면 콜을 발행한 사람이 돈을 번다. 풋 매수자는 기초자산인 주식의 가격이 떨어질 때만 수익을 취한다. 주가가 오르거나 변동이 없으면 옵션 발행자가 돈을 번다. 주가의 움직임은 상승, 하락, 횡보 세 가지가 있다. 옵션 매수자는 이중 한 가지 경우에만 돈을 벌지만 옵션 발행자는 두 가지 경우에 돈을 번다.

정답 8-8: B

기초자산 분석부터 시작해서 도달하지 않을 수준을 판단해 이 수준 밖에서 옵션을 발행하라. 온라인에서 주식의 델타를 찾아보면 이 수준을 식별할 수 있다. 그리고 기초자산이 어느 수준이면 빠져나올지도 결정해야 한다. 옵션에 실제 손실제한을 설정하면 손실이 계속 불어날 수 있는데, 이는 옵션에서 보편적인 문제다. 손실제한을 적어두었다가 기초자산이 해당 수준에 도달하면 청산 주문을 내는 편이 낫다. 적은 비율로 수익의 일부를 보험 계좌에 넣어두면 발행한 옵션이 불리한 쪽으로 급락 또는 급등할 때를 대비할 수 있다.

정답 8-9: D

이론상 모든 옵션과 선물의 롱 계약 수와 숏 계약 수는 동일하다. 옵션과 선물의 큰 차이점은 옵션은 매수 후 가격이 불리하게 움직이면 이미 지불한 것만 잃고 빠져나오면 되지만 선물은 그렇지 않다는 것이다. 선물의 경우, 손실을 감수하든가 아니면 증거금을 더 보내서 손실을 메워야 한다. 다른 차이점들은 사소하다.

8-10: B

일일 가격 한도, 계약 만료, 합법적 내부자 거래도 위험 요소이지만 선물에서 가장 위험한 요소는 적은 거래금, 심지어 계약 가치의 5퍼센트에 해당하는 증거금으로도 거래가 가능하다는 점이다. 5,000달러의 증거금으로 10만 달러어치 상품을 운용할 수 있다면 상품 가격이 5퍼센트만 유리하게 움직여도 돈이 두 배로 불어난다. 문제는 몇 퍼센트만 불리하게 움직여도 증거금이 다 날아간다는 점이다. 선물에서 수익을 보려면 절제력이 비상해야 하며 자금 관리 기술도 탁월해야 한다.

8-11: I=C; II=D; III=A; IV=B

상품에 대한 수요는 서서히 바뀌지만 공급이 위태로워지면 시장은 격렬하게 반응한다. 스프레드 트레이더는 정상적인 시장 관계가 회복된다는 쪽에 베팅한다. 연관된 두 시장이 서로 어긋나면 이들은 가격이 낮은 쪽을 매수하고 가격이 높은 쪽을 공매도해서 관계가 정상으로 돌아올 때를 기다린다. 인도월이 먼 계약은 보관, 보험 등 '끌고 가는 비용' 때문에 대체로 더 비싸지만 수요가 폭발하는 상승장에서는 선물이 역전되어 인도월이 빠른 계약에 프리미엄이 붙는다. 헤징은 선물시장의 경제적 토대다. 농부는 밀을 수확하기 훨씬 전에 밀 선물을 매도하고, 항공사는 항공기 연료가 필요하기 몇 개월, 아니 몇 년 전에 가솔린 계약을 매수한다.

8-12: B(Ⅰ, Ⅱ)

외환시장은 중심이 되는 거래소가 없다. 온라인 플랫폼을 이용해 기관 트레이더들끼리 직접 거래한다. 소매 고객의 경우, 외환중개회사에서 시장에 주문을 전달하지 않고 고객과 반대 포지션을 취하므로 재난에 처하기 쉽다. 고객이 이기려면 외환중개회사가 져야 하기 때문이다. 서툰 투자자에게는 엄청난 레버리지가 '빨리 거덜 나는' 도구로 변한다. 외환중개회사는 수수료를 물리지 않지만 고객과 반대 포지션을 취해 수익을 올린다.

| 자가 진단 |

정답 수 0 ~ 4개: 낙제	어떤 대상을 트레이딩하든 시장의 핵심 요소를 이해해야 한다. 이 지식이 부족하면 수완가들의 쉬운 표적이 되어 돈을 날려버리고 만다. 며칠 동안 이 책에서 관련 내용을 다시 읽어보고 다시 문제를 푼 뒤 다음으로 넘어가라.
정답 수 5 ~ 8개: 양호	일부 트레이딩 대상에 대해 이해하고 있다. 만약 주식이나 옵션만 거래하는데 주식과 옵션에 대한 문제를 전부 맞혔다면 그걸로 충분하다. 모든 트레이딩 대상을 깊이 있게 이해하려면 관련 내용을 다시 읽고 문제를 다시 풀어보라.
정답 수 9 ~ 12개: 우수	트레이딩 대상에 대해 숙지하고 있다. 틀린 문제를 다시 보고 이 책에서 관련 내용을 찾아보라. 그런 다음 아주 중요한 주제인 위험 관리로 넘어가라.

정답 9-1: B

감정적인 트레이딩은 성공의 적이다. 취한 듯 들뜬 기분으로는 꾸준한 수익을 올릴 수 없다. 감정적인 트레이딩으로 잠시 동안은 위기를 모면할 수 있지만 탐욕과 공포를 자제하지 못하면 곧 빈털터리가 되고 만다. 침착하게 잠재 수익을 계산하고 위험을 제한하면서 가장 이성적인 트레이딩을 목표로 해야 한다.

정답 9-2: C

누구나 자신이 똑똑하다고 생각하므로 손실을 입으면 자존심에 상처를 입게 마련이다. 손실을 받아들이는 것은 트레이딩이 내 마음대로 되리라는 희망을 포기하는 것이나 다름없으므로, 누구도 이 희망을 버리려고 하지 않는다. 하지만 훌륭한 트레이더는 현실주의자다. 손실 포지션에 집착하는 것은 바람직한 전술이 아니다.

정답 9-3: B

손실을 받아들이지 못하는 것은 감정적으로 매매하고 있다는 징후다. 손실 포지션을 늘리는 것은 손실이라는 현실을 직시하지 못하고 이길 수 있다는 환상에 매달리기 때문이다. 패자는 포지션에 집착하면서 환상을 계속 키워 나간다. 지표가 내는 신호에 따라 시장에 진입했는데 신호가 반전됐다. 그렇다면 계속 포지션에 집착할 이유가 있을까? 되지도 않는 트레이딩을 붙잡고 있지 말고 빠져나와서 자본을 보존하고 더 좋은 기회를 찾아라.

정답 9-4: C

트레이더 A는 3연패하면 파산하며 트레이더 B는 9연패까지 버틸 수 있다. 트레이더 A는 세 번만 잘못 맞히면 파산하지만 트레이더 B는 아홉 번까지 틀려도 버틸 자금이 있다. 다른 조건이 모두 동일하다면 둘 중 돈이 적은 쪽이 먼저 파산한다.

정답 9-5: B(II, III, I)

자금 관리의 첫 번째 목표는 생존이다. 두 번째 목표는 꾸준한 수익, 세 번째 목표는 높은 수익이다. 무엇보다 생존이 최우선이다. 프로는 이 우선순위대로 트레이딩하지만 초보는 우선순위를 거꾸로 둔다.

정답 9-6: D(I, II, III, IV)

네 가지 자금 관리 규칙 모두 세월의 검증을 거쳐 유용성이 입증됐다. 이 규칙들을 지키고 경쟁자들은 규칙을 어기게 내버려둬라.

정답 9-7: A(I)

트레이딩 도중 돈을 세면 적신호가 켜진 것이다. 즉, 감정이 개입해 이성을 제압하므로 패자가 될 가능성이 커졌다는 경고다. 머릿속에서 돈이 떠나지 않는다면 트레이딩에서 빠져나오라. 트레이딩하기 전에 수익 목표와 손실제한 수준을 정하라. 계좌 잔고는 트레이딩을 마감한 후에 확인하라.

정답 9-8: C

2퍼센트 규칙은 돈으로 환산할 때 한 번의 트레이딩에 감수할 수 있는 최대 위험이다. 2만 8,000달러의 2퍼센트는 560달러로, 여기에는 위험뿐만 아니라 체결오차와 수수료도 포함시켜야 한다. 500주를 매수할 시 98센트 떨어진 곳에 손실제한을 설정하면 수수료와 체결오차를 지불할 여유가 있다. 이보다 규모를 늘리는 것은 무모하다.

정답 9-9: B(I , II)

오픈 포지션의 돈을 세다 보면 평가수익으로 무얼 살지 생각하게 되므로 위험하다. 많은 트레이더가 트레이딩을 관리하지 않고 이런 식으로 몽상에 빠져 돈을 날린다. 목표를 변경하거나 손실제한을 올리는 것은 허용된다.

정답 9-10: D(I , II , III , IV)

진지한 태도로 트레이딩에 임하는 사람은 진입할 때 손실제한을 설정하고 트레이딩한 방향으로만 손실제한을 옮긴다. 롱 포지션이라면 손실제한을 그대로 두거나 올려야 하며 절대 낮추면 안 된다. 숏 포지션이라면 손실제한을 그대로 두거나 낮춰야 하며 절대 올리면 안 된다.

정답 9-11: C(I , II , III)

손실제한 주문은 위험을 제한하지만 항상 기대대로 되지는 않는다. 주가 갭이 발생해 손실제한을 건너뛸 수도 있다. 손실제한이 완벽한 도구는 아니지만 현재 우리가 보유하고 있는 최상의 방어 도구다.

정답 9-12: B(Ⅱ, Ⅲ)

2퍼센트 규칙에 따르면 트레이더 A의 위험은 360달러를 초과할 수 없는데 트레이더 A는 400달러의 위험을 감수했다. 2퍼센트 규칙에 따르면 트레이더 B가 감수할 수 있는 최대 위험은 1,000달러인데 800달러의 위험을 감수했다. 2퍼센트 규칙에 따르면 트레이더 C는 800달러까지 위험을 감수할 수 있는데 400달러의 위험을 감수했다. 2퍼센트 규칙에 따르면 트레이더 D가 감수할 수 있는 최대 위험은 1,200달러인데 1,500달러의 위험을 감수했다. 트레이더 B, C는 사업상의 위험을 감수한 것이지만 트레이더 A, D는 진짜 손실을 감수한 것이다. 2퍼센트 규칙은 한 번의 트레이딩에 감수할 수 있는 위험을 명확히 규정한다. 탐욕이 추악하게 고개를 들지 않는다면 지키기 쉬운 규칙이다.

정답 9-13: D(Ⅱ, Ⅳ)

트레이딩에서 가장 치명적인 실수를 두 가지 꼽는다면 손실제한을 사용하지 않는 것, 계좌 자금이 감당하지 못하는 규모로 트레이딩하는 것이다. 다른 실수들도 나쁘지만 손실제한을 사용하고 적정 규모로 트레이딩하면 최소한 파산하지는 않는다.

정답 9-14: D

철의 삼각형에서 묻는 것은 간단하다. 돈으로 환산할 때 이번 트레이딩에서 감수할 수 있는 최대 위험은? 어디에서 진입할 것인가? 손실제한은 어디에 둘 것인가? 진입과 손실제한 사이의 거리는 주당 위험이다. 총위험을 주당 위험으로 나누면 매수 또는 공매도할 수 있는 최대 주식 수가 산출된다.

정답 9-15: C

비교적 적은 손실이라도 연속해서 손실을 입으면 심각한 타격이 된다. 6퍼센트 규칙은 이처럼 심각한 타격을 입었을 때 트레이딩을 중지하도록 해서 트레이더를 보호한다. 이렇게 하면 잠시 쉬어가는 시간이 생긴다. 이 기간에 시스템을 검토하고 시장을 연구해 다음 달에 복귀하면 된다.

정답 9-16: A

6퍼센트 규칙은 수익과는 관련이 없다. 이 규칙의 목적은 위험을 관리하고 손실을 제한하는 것이다. 수익은 월말에 계산한다. 2퍼센트, 6퍼센트 규칙에 따르면 자본이 불어나면 다음 달 쓸 수 있는 가용 위험이 늘어난다.

정답 9-17: B

손실을 보면 트레이더는 정신적으로 외상을 입는다. 따라서 휴식 후 시장에 복귀할 때는 자신을 온화하게 대해야 한다. 한 번의 트레이딩에 감수하는 위험의 양을 줄여라. 현실적인 실적 목표를 세우고 점차 트레이딩 규모를 늘려나가라.

정답 수 0 ~ 6개: 낙제	적신호가 켜졌다. 자금 관리에 대해 전혀 이해하지 못하고 있다. 진짜 돈으로 매매하기 전에 관련 내용을 공부한 뒤 다시 문제를 풀어보라.
정답 수 7 ~ 12개: 보통	자금 관리 개념을 어느 정도 이해하고 있지만 군데군데 공백이 있다. 자금 관리는 매우 중요하므로 최고 점수를 받아야 한다. 틀린 문제를 검토하고 관련 내용을 복습한 뒤 며칠 뒤 다시 문제를 풀어보라.
정답 수 13 ~ 17개: 우수	자금 관리 규칙을 제대로 활용할 수 있다. 오답을 다시 검토해보라. 자금 관리는 계좌의 잔고를 지키는 성벽이다. 벽에 빈틈이 있으면 반드시 메워야 한다.

| 추천 도서 |

랠프 빈스Ralph Vince의 《포트폴리오 관리 규칙Portfolio Management Formulas》(Hoboken, NJ: JohnWiley & Sons, 1990)

정답 10-1: B

상승세를 어느 정도로 전망하느냐에 따라 전일 고점 돌파, 가치로 되돌림, 또는 앞서 되돌림으로 바닥을 친 곳까지 주가가 가치 구간을 하락 관통할 때 매수할 수 있다. 채널 위에서 매수하는 것은 대체로 옳지 않다. 상단 채널선은 상승세가 정상 궤도를 벗어난 구역까지 지속되더라도 반전될 확률이 높다.

정답 10-2: B

상승 추세를 보일 때는 가치 아래로 되돌림할 때 매수해야 한다. 이전 3개월의 평균 관통값은 3달러보다 적다. 욕심을 부려서 되돌림의 가장 밑바닥을 콕 짚으려는 것은 쓸데없는 짓이다. 3달러 관통보다 1달러 관통을 포착하는 것이 더 믿음직하다.

정답 10-3: A

제대로 된 채널은 주가 등락을 대부분 아우르며 상승장에서 수익 목표의 상한선을 보여준다. 채널 높이의 30퍼센트를 포착하는 트레이딩은 A급이다. 상승 추세에서는 지수이동평균 아래로 관통한 값보다 위로 더 많이 상승한다. 이동평균이 하락 전환할 무렵에는 평가수익이 손실로 변한다.

정답 10-4: D

장기 포지션 트레이더는 이동평균, 엔벨로프, 다이버전스 지표 같은 차익 실현 도구를 활용할 때 조심해야 한다. 몇 달 동안 보유할 생각이라면 이처럼 예민한 도구를 쓰면 너무 빨리 청산되므로 지지 구간과 저항 구간을 활용해 수익 목표를 설정해야 한다.

정답 10-5: C

손실제한과 수익 목표를 설정하면 위험/보상 비율을 계산할 수 있다. 속임수 신호로 청산된 뒤 시장이 유리하게 돌아서는 경우가 있어 대다수 트레이더들이 골치를 앓는다. 대체로 손실제한은 계좌를 보호하는 믿음직한 수단이지만 손실제한 수준을 뛰어넘어 가격 갭이 발생할 수도 있어 아쉽게도 최대 손실을 제한할 수는 없다.

정답 10-6: C(I , II , III)

시장 노이즈 밖에 손실제한을 설정하면 속임수 신호를 줄일 수 있다. 채널, 안전지대, 평균 실제 거래 범위는 정상 범위와 비정상 범위의 등락을 구분하는 기준점이 된다. 지지와 저항은 그렇지 않다. 지지 수준 부근에서 매수해도 노이즈에 걸릴 수 있다.

정답 10-7: D(I , II , III, IV)

무리에서 떨어져 있어야 한다. 수많은 사람이 눈에 빤히 보이는 극단적인 가격 수준에 손실제한을 설정한다. 어림수 역시 마찬가지다. 빤히 보이는 수준이나 어림수에서 조금 떨어진 곳에 손실제한을 설정하라. 손실제한은 위험 관리 수단으로, 시장이 유리하게 움직이면 손실제한을 옮겨 수익의 일부를 방어할 수 있다.

정답 10-8: C

롱 포지션에 진입할 때는 최대한 바 저점에 가깝고, 바 고점에서 멀리 떨어진 곳에서 매수한다. 하루 거래 범위는 2달러(23~21달러)다. 고점에서 1.50달러 떨어진 곳에서 매수했다. 1.50달러를 2달러로 나누면 등급은 75퍼센트이므로 탁월하다! 50퍼센트보다 높으면 바의 하단 절반에서 매수했으므로 양호한 트레이딩이다.

정답 10-9: A

매도 시에는 최대한 바 고점에 가깝고 바 저점에서 멀리 떨어진 곳에서 매도한다. 하루 거래 범위는 3달러(29~26달러)다. 저점에서 1달러 떨어진 곳에서 매도했다. 1달러를 3달러로 나누면 등급은 33퍼센트로 보통이다. 등급이 50퍼센트보다 높으면 바의 상단 절반에서 매도했다는 의미로, 양호한 트레이딩이다.

정답 10-10: B

매수 등급, 매도 등급, 트레이딩 등급 중 트레이딩 등급이 가장 중요하다. 채널은 최근 가격의 90~95퍼센트를 아우르므로 현실적으로 볼 때 진입일 채널의 고점이 수익의 최대치다. 채널의 3분의 1 이상을 포착하면 A 등급이다. 이 경우 6달러 채널에서 2달러를 취했으므로 아주 양호하다!

정답 10-11: C

검출을 통해 집중할 수 있는 후보군을 얻을 수는 있지만 트레이딩의 수익이 보장되지는 않는다. 물색할 패턴부터 정하고 기호에 따라 좁거나 넓은 그물을 던져라. 처음에는 소수를 검출하다가 나중에 규모를 늘려도 된다.

정답 10-12: A

검출 변수를 설정하는 방법은 수없이 많다. 거래량이 너무 적은 종목이나 주가가 선호하는 영역을 벗어난 종목을 배제할 수도 있고, 내가 예측하는 추세와 충돌하는 종목을 배제할 수도 있다. 그러나 수익성이 없는 종목을 거를 수는 없다. 이는 검출 후 후보군을 분석하는 최종 검토 단계에서 최선을 다해 시도할 만한 작업이다.

| 자가 진단 |

정답 수 0 ~ 4개: 낙제	트레이더로서는 너무 낮은 점수다. 이론을 다루는 분석가라면 문제되지 않겠지만 트레이더라면 관련 내용을 다시 읽고 문제를 푼 뒤 다음으로 넘어가라.
정답 수 5 ~ 8개: 보통	실용적인 개념들 중 드문드문 이해하지 못하는 내용이 있다. 모든 트레이딩에서 진입, 목표, 손실제한 설정법, 실적 측정법을 알아야 한다. 틀린 문제를 복습하고 관련 내용을 다시 읽은 다음 며칠 뒤 다시 문제를 풀어보라.
정답 수 9 ~ 12개: 우수	진입, 목표, 손실제한 설정법, 실적 측정법을 숙지하고 있다. 트레이더마다 전술이 다르므로 틀린 문제를 살펴보면서 실수로 틀렸는지, 아니면 이 책과 의견이 다른 건지 검토해보라.

정답 11-1: C

일지를 잘 기록하면 경험에서 배우고 절제력을 키울 수 있으며 충동적인 행동이 줄어든다. 일지를 쓰면 실수에서 교훈을 얻고 같은 실수를 되풀이하지 않게 된다. 하지만 일지를 쓴다고 해서 실수가 사라지는 것은 아니다.

정답 11-2: B

전일 실적을 검토하고 손실제한을 조정하는 일도 중요하다. 그러나 아침 숙제를 하는 목적은 오늘 트레이딩과 관련된 요소들에 집중하기 위해서다. 여기에는 간밤의 시장 동향, 오늘 발표 예정인 펀더멘털 보고서 검토 등 판단하는데 의미 있는 모든 요소가 포함된다.

정답 11-3: B(Ⅱ, Ⅲ)

건강, 기분, 숙제가 모두 트레이딩에 맞게 준비되는 날이 있다. 하지만 건강이 좋지 않거나 기분이 우울하거나 숙제를 못 한 날도 있는데, 이런 날에는 트레이딩을 하면 안 된다. 자신의 성격에 맞는 간단한 자가진단을 하면 트레이딩할 준비가 되었는지 객관적으로 측정할 수 있다. 모든 것이 완벽한 날에는 어느 하나라도 변하면 금세 모든 게 나빠질 수 있으므로 트레이딩 규모를 늘리면 안 된다.

트레이딩에 사용할 전략을 정하고 진입, 목표, 손실제한을 설정해야 한다. 해당 트레이딩에서 어느 정도 위험을 감수할지 계산하면 위험을 통제하는 철의 삼각형을 활용해 몇 주 또는 몇 계약을 트레이딩할지 알 수 있다. 트레이딩을 마감하기 전에는 수익을 세면 안 된다. 트레이딩의 수준에 집중하면 돈은 따라오게 마련이다.

정답 11-5: B(Ⅱ, Ⅳ)

트레이드 아프가의 구조는 간단하다. 문항은 다섯 개 이하로, 문항당 가능한 대답은 세 가지 이하로 설정한다. 트레이드 아프가를 통해 어떤 종목이 트레이딩 계획을 세울 만한지 간단하게 검토할 수 있다. 아니라면 다음 후보로 넘어가고, 후보가 적합하면 상세한 트레이딩 계획을 세워라.

정답 11-6: D(Ⅰ, Ⅱ, Ⅲ, Ⅳ)

트레이드빌은 트레이딩을 계획하고 추적하는 핵심 문서다. 트레이딩 전략을 정하고 진입, 목표, 손실제한을 설정하고 위험을 배분하고 트레이딩 규모를 계산하라. 또한 트레이드빌에는 수익 보고 날짜 같은 핵심 요소들도 적어서 잊어버리지 않도록 해야 한다.

정답 11-7: C(Ⅰ, Ⅱ, Ⅲ)

손실제한, 그리고 어느 수준에서 손실제한을 손익분기로 옮길지 반드시 적어두어야 한다. 이런 결정은 트레이딩 초기에 내리는 것이 가장 좋다. 일지 역시 마찬가지다. 기억이 생생할 때 진입 수준을 기록하라. 오픈 포지션 상태에서는 트레이딩 관리에 집중하고 수익을 세지 말아야 한다. 수익은 청산 후 계산하라.

정답 11-8: D

개인 트레이더는 대부분 고립되어 일하며, 다른 사람의 의견을 들을 수 없다. 따라서 자신의 과거 트레이딩을 다시 검토하는 일은 과거에서 교훈을 얻을 수 있는 귀한 학습 창구다. 러시아 속담에 이런 말이 있다. "같은 갈퀴를 두 번 밟지 마라." 풀밭에 놓인 갈퀴를 밟으면 갈퀴가 세워지면서 이마를 때린다. 누구에게나 일어날 수 있는 일이지만 같은 갈퀴를 또 밟아선 안 된다. 과거 트레이딩을 검토하면 갈퀴가 어디 있는지 기억할 수 있다.

정답 11-9: C

주어진 보기는 모두 중요하지만 가장 교육 효과가 큰 것은 청산 몇 주 또는 몇 달 뒤 업데이트한 차트를 복습하는 것이다. 이때쯤이면 추세와 반전이 명확히 보이므로 자신의 행동이 옳았는지 여부를 정확하게 알 수 있고 다시 나아가는데 교훈으로 활용할 수 있다.

정답 수 0 ~ 3개: 낙제	일지를 기록하는 것은 트레이딩이 성공하는 데 있어 핵심적인 요인이다. 관련 내용을 다시 읽고 다시 문제를 푼 뒤 다음으로 넘어가라.
정답 수 4 ~ 6개: 양호	일지를 얼마나 성실히 기록하는가는 트레이딩 성적과 직결된다. 아주 간단하지만 필수적인 역량이므로 '양호'에 안주하면 안 된다. 틀린 문제를 복습하고 관련 내용을 다시 읽은 다음 며칠 뒤 다시 문제를 풀어보라.
정답 수 7 ~ 9개: 우수	일지를 기록하는 것의 중요성을 잘 알고 있다. 실행에 옮겨 이제부터 트레이딩 일지를 기록하라. 기록한 노력에 대한 보상이 따를 것이다.

당신의 여정을
시작하라

이 책을 통해 자신의 트레이딩 지식을 테스트해보았을 것이다. 이제 가장 큰 시험을 앞두고 어느 정도 태세를 갖추었다고 할 수 있다. 시장으로 나가보자. 트레이딩은 압박감 속에서도 명료하게 생각하고 감정에 휘둘리지 않고 냉철하게 판단할 수 있는지, 그리고 계좌의 자본을 통제할 수 있는지 끊임없이 시험하는 작업이다.

이 책에는 이런 능력이 어느 정도인지 측정할 수 있도록 등급을 매길 수 있는 도구와 관련 분야의 추천 도서를 소개해놓았다. 낙제점을 받았다면 다시 본책을 꼼꼼히 읽고 문제를 풀어보라. 시장에서 실적을 측정하는 가장 중요한 잣대는 자산 곡선의 기울기다. 간혹 소액 손실을 보지만 꾸준히 상승하는 곡선이 가장 좋다. 지난달 잔고에서 6퍼센트 이상 손실을 보았다면 그달의 남은 기간 동안에는 트레이딩을 멈춰야 한다.

트레이딩 일지를 기록하라. 일지에는 날짜, 티커 심볼, 트레이딩 규모뿐만 아니라 차트와 자신에 대한 평가도 적어두어야 한다. 이렇게 하면 과거의 경험에서 배울 수 있으므로 실력이 향상된다.

나는 스파이크트레이드닷컴에 있는 트레이드 저널에 이 모든 것을 기록해두는데, 트레이드 저널 양식은 오랜 시간에 걸쳐 수정을 거듭한 끝에 만들어졌다. 자신만의 일지 기록 시스템을 설계하더라도 트레이드 저널을 살펴보고 좋은 시스템의 구조와 원리를 이해하라.

오픈 포지션 상태에서는 트레이딩에 대해 의견을 나누지 마라. 오픈 포지션 상태에서 의견을 나누면 자신의 판단이 위태로워질 수 있어 위험하다. 트레이딩을 청산한 뒤 믿을 만한 친구들과 의견을 나누면서 서로 배워라.

이 책을 읽고 문제를 푸는데 시간과 에너지를 투자한 사람이라면 결코 트레이딩을 가볍게 보지 않을 것이다. 끊임없이 시장을 연구하고 침착한 태도를 유지하라. 그리고 손실을 최소한으로 줄이고 잔고를 불리는 데 주력하라. 트레이딩만으로 생계를 해결한다는 꿈을 이루기 바란다.

2014년 뉴욕-버몬트에서
알렉산더 엘더 박사

스터디 가이드는《심리투자 법칙》개정판을 바탕으로 만들었다. 아래에 소개한 책들은 스터디 가이드에 있는 문제들을 좀 더 이해하기 쉽게 도와줄 것이다.

Belveal, L. Dee, Charting Commodity Market Price Behavior (1969) (Homewood, IL: Business One Irwin, 1985).

Douglas, Mark, The Disciplined Trader (New York: New York Institute of Finance, 1990).

Edwards, Robert D., and John Magee, Technical Analysis of Stock Trends (1948) (New York: New York Institute of Finance, 1992).

Elder, Alexander & Kerry Lovvorn, The New High-New Low Index (Alabama: SpikeTrade, 2012).

Kaufman, Perry, Trading Systems and Methods (Hoboken, NJ: John Wiley & Sons, 2013).

LeBon, Gustave, The Crowd (1897) (Atlanta, GA: Cherokee Publishing, 1982). Lefevre, Edwin, Reminiscences of a Stock Operator (1923) (Greenville, SC: Traders Press, 1985).

Mackay, Charles, Extraordinary Popular Delusions and the Madness of Crowds (1841) (New York: Crown Publishers, 1980).

Murphy, John J., Technical Analysis of the Financial Markets (New York: New York Institute of Finance, 1999).

Neill, Humphrey B., The Art of Contrary Thinking (1954) (Caldwell, ID: Caxton Printers, 1985).

Pring, Martin J., Technical Analysis Explained, 5th edition (New York: Mc-Graw-Hill, 2013).

Vince, Ralph, Portfolio Management Formulas (Hoboken, NJ: John Wiley & Sons, 1990).

저자 소개 **알렉산더 엘더**

의학박사 알렉산더 엘더는 구 소련의 레닌그라드에서 태어나 에스토니아에서 성장했으며 열여섯 살 때 의과대학에 진학했다. 선의船醫로 근무하던 중 스물세 살 때 아프리카에 정박한 소련 배에서 탈출해 미국으로 망명했다. 그후 뉴욕에서 정신과 의사로 일하면서 정신과 분야의 잡지 〈사이키애트리 타임즈 Psychiatric Times〉의 에디터로 활동했으며, 컬럼비아대학교에서 학생들을 가르쳤다.

금융시장에 트레이더로 참여하기 시작하면서 트레이딩에 관한 다수의 기고문과 책들을 집필했다. 트레이딩 시스템도 개발했으며 투자강연회 연사로 활약했다. 정신과 의사로서의 경험 덕분에 트레이딩 심리를 꿰뚫어 보는 독특한 통찰력을 얻게 되었으며, 세계에서 손꼽히는 테크니션으로 확고한 위치를 차지하고 있다.

엘더 박사는 활발히 거래하는 트레이더이지만 가르침을 쉬지 않고 있으며 미국과 해외에서 강연 요청도 끊임없이 받고 있다. 1988년에는 트레이더를 위한 교육회사 엘더닷컴elder.com을 설립했다. 엘더 박사는 트레이더를 위한 일주일 강좌인 트레이더 캠프 Trader's Camps를 처음 만들었고 스파이크트레이드 Spike Trade 그룹도 창시했다. 매주 그룹 회원들끼리 종목 선정 대회를 열어 우승자에게 포상하고 있다.

e-mail: info@elder.com
website: www.elder.com
　　　　www.spiketrade.com

New Trading for a Living

심리투자 법칙 스터디 가이드

개정판 1쇄 발행 2020년 12월 15일
개정판 3쇄 발행 2023년 10월 31일

지은이 알렉산더 엘더
옮긴이 신가을

펴낸곳 (주)이레미디어
전화 031-908-8516(편집부), 031-919-8511(주문 및 관리) | **팩스** 0303-0515-8907
주소 경기도 파주시 문예로 21, 2층
홈페이지 www.iremedia.co.kr | **이메일** mango@mangou.co.kr
등록 제396-2004-35호

편집 허지혜 | **디자인** 늦봄 | **마케팅** 김하경
재무총괄 이종미 | **경영지원** 김지선

ISBN 979-11-88279-96-8 03320

· 가격은 뒤표지에 있습니다.
· 잘못된 책은 구입하신 서점에서 교환해드립니다.
· 이 책은 투자 참고용이며, 투자 손실에 대해서는 법적 책임을 지지 않습니다.

이 도서의 국립중앙도서관 출판예정도서목록(CIP)은 서지정보유통지원시스템 홈페이지(http://seoji.
nl.go.kr)와 국가자료종합목록시스템(http://www.nl.go.kr/kolisnet)에서 이용하실 수 있습니다.
(CIP제어번호 : CIP2020045522)

당신의 소중한 원고를 기다립니다. mango@mangou.co.kr